Christoph Simma

77 IMPULSE für ACHTSAMKEIT und STILLE in der Grundschule

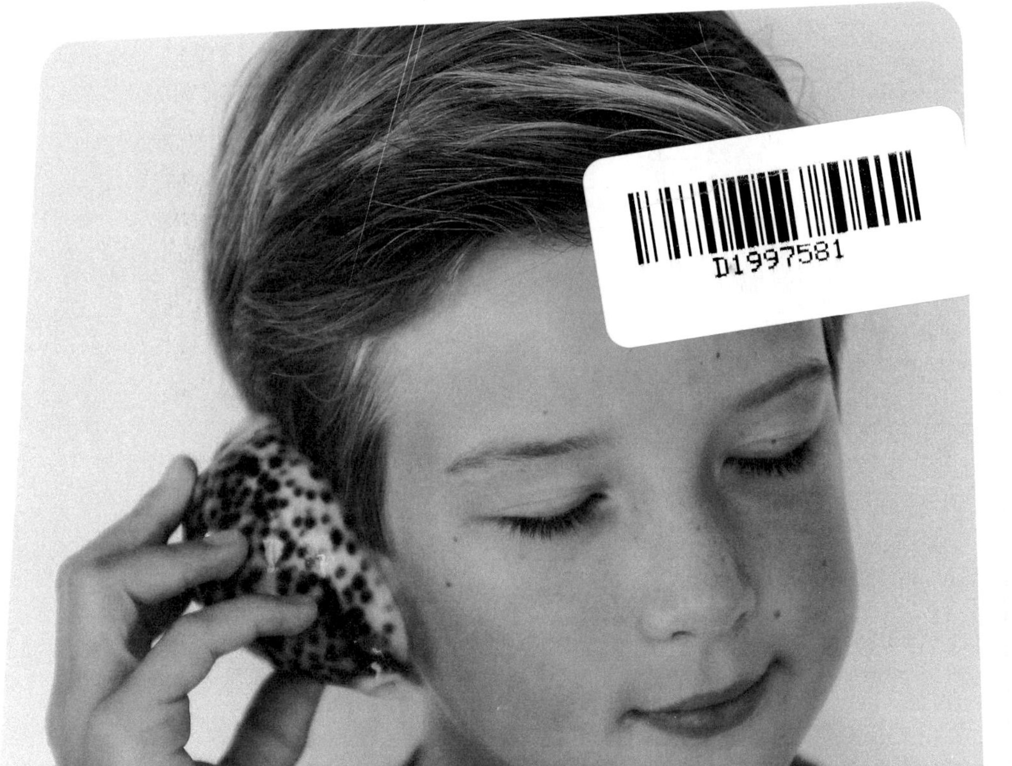

Verlag an der Ruhr

Impressum

Titel
77 Impulse für Achtsamkeit und Stille in der Grundschule

Autor
Christoph Simma

Titelbildmotiv
Karolin Gerritzen

Illustrationen
Eva Spanjardt u. a.

Verlag an der Ruhr
Mülheim an der Ruhr
www.verlagruhr.de

Geeignet für die Klassen 1–4

Unser Beitrag zum Umweltschutz:
Wir sind seit 2008 ein ÖKOPROFIT®-Betrieb und setzen uns damit aktiv für den Umweltschutz ein. Das ÖKOPROFIT®-Projekt unterstützt Betriebe dabei, die Umwelt durch nachhaltiges Wirtschaften zu entlasten. Unsere Produkte sind grundsätzlich auf chlorfrei gebleichtes und nach Umweltschutzstandards zertifiziertes Papier gedruckt.

ISBN 978-3-8346-2472-7

Printed in Germany

Inhaltsverzeichnis

4 *Vorwort*

9 ACHTSAMKEIT IN MEINER KLASSE

19 WAHRNEHMUNGS- UND STILLEÜBUNGEN

49 ÜBER BEWEGUNG ZUR RUHE KOMMEN

71 ACHTSAMKEIT MIR SELBST UND ANDEREN GEGENÜBER

85 MANDALA-ARBEIT

93 OHNE VIELE WORTE

99 ICH SORGE FÜR MICH

104 *Medientipps*

Vorwort – Überlegungen zur Achtsamkeit in der Schule

WIESO DIESES BUCH?

Zum einen soll dieses Buch Hintergründe zur Achtsamkeit in der Schule erläutern. Es soll aufzeigen, wie durch Achtsamkeit die Qualität des Lebens und Lernens in der Schule positiv verändert werden kann. Zum anderen enthält es eine ganze Reihe von Impulsen, Übungen und Anregungen, wie Achtsamkeit in der Schule umgesetzt werden kann und wie Kinder dadurch zu Konzentration, Aufmerksamkeit, Ruhe und Stille geführt werden können. Es soll eines jener Bücher sein, die man als Lehrer* als praktische Hilfe für den Unterricht immer wieder gern zur Hand nimmt, dem man aber auch immer wieder anregende Impulse für den eigenen achtsamen Lebensvollzug entnehmen kann.

ACHTSAMKEIT, WAS IST DAS?

Auf den Begriff der Achtsamkeit bin ich über das Buch „Das Wunder der Achtsamkeit" des vietnamesischen Mönchs und Zen-Meisters Thich Nhat Hanh gestoßen (siehe Medientipps S. 104). Er beschreibt darin, wie wir Achtsamkeit üben können und dass diese Praxis unseren ganzen Alltag durchdringen und uns helfen kann, den Herausforderungen des Lebens ruhiger, angemessener und freudvoller zu begegnen. In seinen Erläuterungen fand ich für mich das formuliert, was ich schon seit Jahren in meinem Alltag lebte. Mit dem Wort Achtsamkeit hatte ich nun den Begriff dafür gefunden. Es geht schlicht und einfach darum, ganz bei sich und bei der Sache zu sein. Alles, was wir tun, können wir in einer achtsamen Art und Weise tun. Dieser achtsame Lebensvollzug ist eine persönliche Kraftquelle und verändert ganz automatisch die Qualität unserer Beziehung zu allem und allen – zu uns selber, zu unseren Mitmenschen, zu den Dingen und zur Umwelt.

ACHTSAMKEIT IN MEINEM PRIVATEN LEBEN

Vor vielen Jahren begann ich damit, mir täglich frühmorgens Zeit für die Sitzmeditation zu nehmen. Die Stille, die ich während dieser halben Stunde erlebte, hatte schon bald

---

* Aus Gründen der besseren Lesbarkeit haben wir in diesem Buch durchgehend die männliche Form verwendet. Natürlich sind damit auch immer Frauen und Mädchen gemeint, also Lehrerinnen, Schülerinnen etc.

Vorwort

Auswirkungen auf meinen Alltag und die Art und Weise, wie ich mit allem und allen umging. Es war wie bei einem Stein, der ins Wasser fällt und Kreise zieht. Und ich stellte fest, dass sich durch diesen achtsamen Lebensvollzug auch die Art und Weise meines Lehrerseins in der Schule änderte – in der Form meiner Präsenz, in der Art des Umgangs mit den Kindern und im Umgang mit den vielfältigen Herausforderungen des pädagogischen Alltags. So erlebe ich immer wieder, wie die Praxis der Achtsamkeit auch in der Schule eine wertvolle und wichtige Quelle von Kraft und Energie sein kann.

SCHULE HEUTE

Die Gesellschaft unserer aus den Fugen geratenen Zeit ist gekennzeichnet durch Stress, Hektik, Unruhe, Lärm, Reizüberflutung, schnellen Wandel, Beschleunigung und Unrast. Diese Erscheinungen machen auch vor der Schule nicht halt. Die Kinder, die wir als Lehrer begleiten, sind Spiegelbilder dieser Gesellschaft und folglich durch sie geprägt. Es scheint, dass unserer Zeit wichtige und wertvolle Qualitäten, wie Ruhe, Sammlung und Muße, abhandengekommen sind. Für ein ausgeglichenes Leben brauchen unsere Gesellschaft und vor allem die Schule als wichtigen Gegenpol die Achtsamkeit, meditative Elemente und die Stille.

ANNAHME DER SITUATION

Über all diese gesellschaftlichen und sozialen Entwicklungen zu jammern, macht nun keinen Sinn. Es ist vielerorts schon fast zur Mode geworden, prinzipiell gegen alles zu sein und nur zu lamentieren. Das dient niemandem und ist nicht produktiv. Vielmehr geht es in einem ersten Schritt darum, die Situation so anzunehmen, wie sie ist. Dies soll in einer annehmenden, achtsamen Haltung geschehen. Achtsamkeit versteht sich als ein nicht wertendes, nicht urteilendes Gewahrwerden des Augenblicks. Es ist eine offene, wache Haltung, aus der heraus wir uns dann für das einsetzen können, was wir als wichtig erkennen. Gerade dann, wenn wir wahrnehmen, dass den Kindern und uns selber Ruhe und Stille abhandengekommen sind, brauchen wir Rituale und Übungen, um wieder zu diesen Qualitäten zurückzufinden.

Vorwort

ÜBUNGEN DER ACHTSAMKEIT IN DER SCHULE

Genau darum geht es mir in meinen Überlegungen und den in diesem Buch angeführten Impulsen und Übungsmöglichkeiten. Sie sollen einen gangbaren und hilfreichen Weg aufzeigen. Ich möchte das allerdings nicht verstanden wissen im Sinne einer hundertprozentigen Erfolgsgarantie, dass es genauso und nur auf diese Art und Weise funktioniert. Zu unterschiedlich sind die Situationen und Individuen und es gibt natürlich auch andere Wege. Die hier vorgestellten Anregungen haben sich in meiner Unterrichtspraxis über lange Jahre bewährt und zahlreiche Rückmeldungen von Lehrerkollegen, die meine Weiterbildungskurse zur Achtsamkeit in der Schule besucht haben, bestätigen dies immer wieder sehr eindrucksvoll.

WAS HABEN WIR DAVON?

Die Qualität des Lebens und Lernens in der Schule wird sich dadurch zum Positiven verändern. Die Kinder kommen wieder mehr in Kontakt mit sich selber und nehmen ihre Bedürfnisse und Befindlichkeiten besser wahr. Indem sie lernen, zur Ruhe zu finden, können sie konzentrierter und aufmerksamer lernen. Durch die Einübung des achtsamen Umgangs mit den Dingen und untereinander wird sich auch das Klassenklima verbessern und wir finden in der Schulgemeinschaft ganz selbstverständlich zu einem respektvollen Miteinander.

HABEN WIR DIE ZEIT DAZU?

Die vielleicht fünf Minuten, die wir zu Beginn der Stunde dem Unterricht für eine Stilleübung „abzwacken", kommen mindestens eins zu eins, wenn nicht sogar als Vielfaches, wieder zurück. Es stimmt schon, rein rechnerisch gehen diese Minuten tatsächlich von der Unterrichtszeit ab. Sie werden aber locker wettgemacht durch das anschließend viel aufmerksamere, konzentriertere und ruhigere Arbeiten der Kinder, die mehr in sich selbst zentriert sind. Es wird ihnen durch solche möglichst regelmäßig durchgeführten Übungen auch viel leichter fallen, bei sich und bei der Sache zu sein, und sie werden die Lerninhalte besser und nachhaltiger aufnehmen können.

Vorwort

Letztlich ist die Zeitfrage eine Wertfrage, die jeder Lehrer für sich zu beantworten hat: „Wie wichtig sind mir solche Achtsamkeitsübungen in der Schule? Bin ich bereit, Zeit dafür zu investieren? Und entscheide ich mich dafür, mir diese Zeit auch regelmäßig zu nehmen?"

EINFACH ANFANGEN

Ich möchte Sie ermuntern und einladen, sich mit einer offenen und interessierten Haltung auf die Sache einzulassen, Schritte auf diesem Weg zu wagen und die Praxis der Achtsamkeit kennenzulernen. Probieren Sie es aus, machen Sie Ihre eigenen Erfahrungen damit und entscheiden Sie dann eigenverantwortlich, was davon Sie für sich und die Kinder umsetzen wollen.

Auch ich lerne ständig dazu, finde zu neuen Einsichten und Erkenntnissen und erweitere folglich mein Handlungsrepertoire fortlaufend. Auf der Grundlage dessen, was ich bisher erkannt, erfahren und erlebt habe, gehe ich jeden Tag meine Schritte – wohl wissend, dass ich nicht perfekt sein muss und dass ich noch vieles dazulernen kann und werde.

ACHTSAMKEIT
in meiner KLASSE

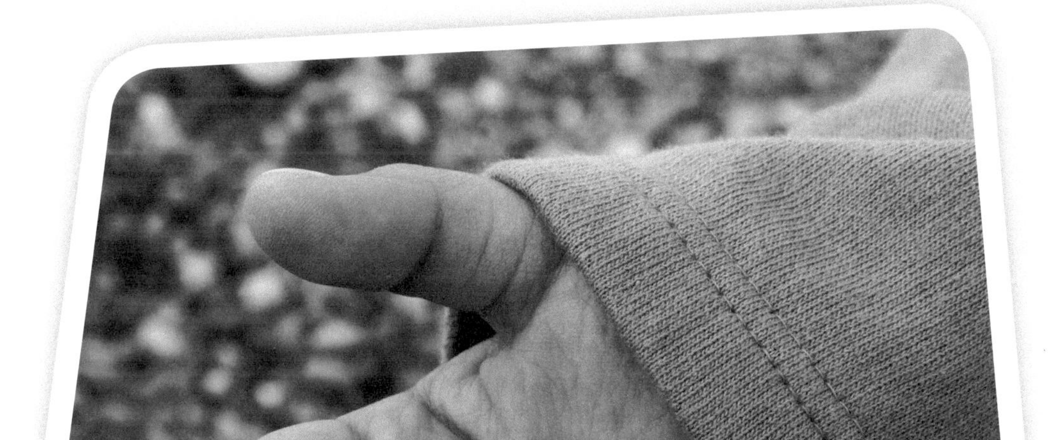

Achtsamkeit als Grundlage

Wer glaubt, Kinder mit einer schnell eingeschobenen Stilleübung zu langfristiger Ruhe, Aufmerksamkeit, Konzentration und Stille führen zu können, irrt. Dieser Ansatz wird nicht zielführend sein und eher zu frustrierenden als zu ermutigenden Ergebnissen führen. Man kann Kindern die Stille nicht überstülpen wie einen Hut.

Die Grundlage aller Übungen der Achtsamkeit sind die Haltung des Lehrers und sein eigener Lebensvollzug. Nur wer selber Ruhe in sich hat, kann diese auch ausstrahlen und andere auf dem Weg zu mehr Ruhe begleiten und anleiten. Von meinem Verständnis her ist es unerlässlich, ja unmöglich, Schüler zur Stille führen zu wollen, wenn man nicht selber regelmäßig Momente der Ruhe und Stille pflegt und dadurch zu mehr Gelassenheit im Leben findet. Diesen persönlichen Hintergrund braucht es um der Authentizität willen und als Einforderung der Verantwortung den Kindern gegenüber, denn Kinder erspüren die innere Haltung des Lehrers unmittelbar und nehmen diese als förderlich oder hindernd wahr. Gerade angesichts der vielfältigen Herausforderungen des pädagogischen Alltags ist die Praxis der Achtsamkeit eine einfache und wertvolle Hilfe für Lehrer.

Die Praxis der Achtsamkeit

Achtsam zu sein, ist in der Tat einfach. Es braucht dazu keine besonderen Kenntnisse und Fähigkeiten. Und ganz sicher kennt jeder von Ihnen die Erfahrung, dass es Tätigkeiten gibt, bei denen Sie voll und ganz dabei sind. Sie sind mit voller Aufmerksamkeit und Hingabe bei der Sache, in sich zentriert und auf die Sache fokussiert. Da ist nichts, was Sie als störende Ablenkung erfahren. Die gute Nachricht dabei ist, dass Ihnen achtsames Tun offensichtlich schon bekannt ist und Sie auf konkrete Erfahrungen zurückgreifen können. Wenngleich es leicht ist, achtsam zu sein, liegt die Schwierigkeit bei der Praxis der Achtsamkeit darin, die Achtsamkeit aufrechtzuerhalten. Nachdem man sich dafür entschieden hat, etwas achtsam zu tun und somit ganz bei sich und bei der Sache zu sein, geht es nun darum, in dieser Haltung der Achtsamkeit zu bleiben. Dabei handelt es sich um einen Übungsweg, auf dem man durch beständige Übung und Wiederholung weiterkommen wird. Wenn man sich immer wieder in Achtsamkeit übt, führt dies zu neuen neuronalen Verknüpfungen im Hirn und die Praxis der Achtsamkeit wird einem mehr und mehr zur Gewohnheit, zum Alltag werden und zu einem besseren Umgang mit allen Lebenssituationen verhelfen.

Achtsamkeit in den Handlungen

Eine sehr unmittelbare Möglichkeit, wie die Praxis der Achtsamkeit konkret im Alltag mit all seinen Herausforderungen kultiviert werden kann, ist die Achtsamkeit in den Handlungen. Nachdem es sich bei der Achtsamkeit um ein Von-Moment-zu-Moment-Gewahrsein handelt, bietet der ganz normale Alltag von morgens bis abends unzählige Gelegenheiten, Achtsamkeit einzuüben. Morgens nach dem Aufwachen, wenn wir noch im Bett liegen, können wir uns des Körpers und des Atems gewahr werden. Bei der Morgentoilette können wir aus dem üblichen Automatismus der Gewohnheit aussteigen und bewusst und wach alle Sinneseindrücke wahrnehmen – das Geräusch und die Temperatur des Wassers, den Duft der Seife oder die Berührung der Hände. Wenn wir dann das Frühstück zubereiten, können wir auch das in einer wachen, präsenten Haltung tun. Anstatt hektisch hin- und herzuspringen, können wir wahrnehmen, wie unsere Füße bei jedem Schritt den Boden berühren und können so voll und ganz bei allem sein, was wir tun.

Wie oft am Tag sind wir mit unseren Gedanken denn ganz bei einer Sache? Meist ist es doch so, dass wir zwar im gegenwärtigen Augenblick etwas tun, mit der Aufmerksamkeit unserer Gedanken aber sorgenvoll an die Zukunft denken oder von einem schon vergangenen Ereignis immer noch in Beschlag genommen werden. Die Sache selber läuft oft einfach so nebenher. Aus diesem sogenannten Autopiloten-Modus gilt es, auszusteigen. Jede Tätigkeit, die wir im Laufe des Tages ausführen, können wir entweder in Gedanken verloren und einfach nebenbei erledigen oder wir entscheiden uns dazu, alles bewusst, aufmerksam und mit Hingabe zu tun. Achtsamkeit zeichnet sich durch ein waches Bewusstsein aus. Es geht um ein Umschalten von der üblichen, gewohnheitsmäßigen blinden Daseinsweise zu wacher Präsenz (mehr hierzu in Kabat-Zinn 1999, siehe Medientipps S. 104). Dann kann jede auch noch so alltägliche Tätigkeit eine Gelegenheit sein, Achtsamkeit zu praktizieren – vom Duschen über das Einkaufen bis zum Saubermachen. Der Fokus liegt dabei auf dem Aspekt, **wie** wir eine Sache tun. Nichts ist von diesem achtsamen Lebensvollzug ausgeschlossen. Wenn wir die Aufgaben des Tages in solcher Bewusstheit erledigen, werden wir feststellen, dass wir dadurch viel mehr im Hier und Jetzt verankert sind – und uns die Aufgaben zudem noch leichter von der Hand gehen.

Die Haltung des Lehrers

Achtsamkeit wird in einer Klasse vor allem durch die innere Haltung des Lehrers und seine daraus resultierende Art und Weise des Umgangs mit den Kindern kultiviert. Die Haltung, also das Sein des Lehrers kann man sich bildlich vorstellen wie die Hülle um den Kern; mit Letzterem sind sein Tun und seine Worte gemeint. Der Lehrer wirkt in erster Linie durch das Sein, erst dann durch sein Tun und seine Worte.
Die Haltung des achtsamen Lehrers drückt sich darin aus, dass er die Kinder bedingungslos annimmt, einen den Selbstwert der Kinder stärkenden Umgang mit ihnen pflegt und sich Zeit für sie nimmt.

ANNAHME

Kinder wollen so angenommen werden, wie sie sind. Sie wollen nicht mit anderen verglichen werden – weder mit Geschwistern noch mit Mitschülern. Sie wollen in ihrer Einzigartigkeit und Einmaligkeit angenommen werden. Sie wollen und sollen mit allem, was zu ihnen gehört, angenommen werden. Mit Annahme ist gemeint, dass der Lehrer die Kinder so annimmt, wie sie sind, und zwar ohne etwas zu bewerten, vorschnell zu kategorisieren oder ändern zu wollen.
Das hat nichts mit Passivität oder Resignation zu tun – im Gegenteil, das ist ein durchaus aktiver Akt, eine bewusste Entscheidung. Auch wenn es Verhaltensweisen gibt, mit denen wir als Lehrer nicht einverstanden sind, können wir Kindern trotzdem das Gefühl geben, dass sie angenommen sind. Das ist letztlich der fruchtbare Boden, auf dem dann Neues wachsen kann – im Sinne von Verhaltensalternativen und konstruktiven Möglichkeiten, die gemeinsam entwickelt werden können.
Auch im Umgang mit schwierigen Situationen ist dieser achtsame, annehmende Zugang übrigens eine wertvolle Hilfe. Wir können die Umstände nicht immer ändern, aber wir können durch Achtsamkeit lernen, anders mit diesen umzugehen, indem wir ihnen auf andere Weise, nämlich akzeptierend begegnen (mehr hierzu in Heaversedge & Halliwell 2012, siehe Medientipps S. 104).

SELBSTWERT

Durch den respektvollen Umgang des achtsamen Lehrers mit den Kindern wird deren Selbstwert gestärkt. Die Kinder sollen sich dadurch als bedingungslos wertvoll und kostbar erleben. Die grundlegende Botschaft dahinter liegt für die Kinder in der Erfahrung: „Ich bin und es ist gut, dass ich bin." Diese Grundwerterfahrung ist der tiefste Ort, in dem menschliches Leben gründet. Ein gutes Selbstwertgefühl ist das größte Geschenk, das wir Kindern mit auf den Lebensweg geben können. In einem guten Selbstwert liegt ein unendliches Potenzial für das ganze Leben und die Bewältigung seiner Aufgaben. Kinder sollen sich als wertvoll erfahren, weil sie sind, und nicht, weil sie etwas Besonderes geleistet haben. Natürlich soll und darf man sich über etwas, was man geleistet und gut gemacht hat, freuen. Aber vor allem für leistungsschwache Kinder wird es schwierig, wenn der Selbstwert nur über die erbrachte Leistung bestimmt wird. Gerade in der Schule sind wir als Lehrer angehalten, darauf zu achten, dass der Selbstwert der Kinder nicht einseitig oder gar ausschließlich durch Leistung definiert wird. Als Ausgleich bieten sich Aktivitäten an, die in besonderer Art und Weise den Selbstwert fördern. Es braucht in Schulen Angebote, die diesem Aspekt der Persönlichkeitsentwicklung Rechnung tragen. Das sind alle Formen schöpferisch-kreativen Gestaltens, Wahrnehmungs-, Entspannungs- und Aktivierungsübungen, Spiele ohne Wettbewerbscharakter (bei denen es nur einen Gewinner und sonst lauter Verlierer gibt), gemeinschaftsfördernde Spiele oder das Singen von Liedern, deren Inhalt eine die Persönlichkeit und den Selbstwert stärkende Botschaft vermittelt.

ZEIT

Ein Kind, für das wir uns Zeit nehmen, fühlt sich geschätzt und geachtet. Wenn ein Kind mit einer Frage zu uns kommt oder uns etwas erzählen möchte, dann ist es wichtig, in diesen Augenblicken ganz für das Kind da zu sein und nicht nebenher noch etwas anderes zu erledigen. Was geht wohl in einem Kind vor, das erlebt, dass die Erwachsenen für alles andere Zeit haben, nur nicht für es selber mit seinen Anliegen? Umgekehrt wird sich ein Kind, dem Zeit geschenkt wird, als wichtig, wertvoll und angenommen erfahren.

Wer sich für die Kinder Zeit nimmt, kann deren Bedürfnisse wahrnehmen und dann auch entscheiden, wie er nun allenfalls zu handeln hat. Wer ganz präsent im Hier und Jetzt ist, nimmt die aktuelle Situation achtsam wahr, ohne in ein vorschnelles Urteilen, überstürztes Handeln oder unüberlegtes Sprechen zu kommen, das er später zu bereuen hätte.

Achtsamkeit der Gedanken und Worte

ZWEI FALSCH ODER ACHTZEHN RICHTIG?

Die Art und Weise, wie wir über Ereignisse, Situationen und Dinge sprechen, sagt mehr über unsere Persönlichkeit aus als über die Dinge, Situationen und Ereignisse selbst. Unsere Worte und Gedanken sind immer geprägt von unserer persönlichen Sicht und Wahrnehmung – und die ist nun einmal sehr subjektiv. Wir entscheiden selber darüber, wie wir die Dinge beurteilen und worauf wir den Fokus unserer Aufmerksamkeit legen. Lassen Sie mich das an einem Beispiel aus dem Schulalltag verdeutlichen. Claudia, eine Zweitklässlerin, hat die zwanzig Wörter des Übungsdiktats fleißig geübt und schreibt sie nun auswendig auf. Dabei schreibt sie schon achtzehn Wörter richtig und nur noch zwei falsch. Üblicherweise wird das Kind unter der Arbeit folgenden Kommentar des Lehrers lesen: Zwei Fehler. Natürlich ist es eine objektive Tatsache, dass zwei der zwanzig Wörter nicht richtig geschrieben sind und diese noch geübt werden müssen. Genauso ist es allerdings eine Realität, dass achtzehn Wörter richtig geschrieben sind. Wie wird sich ein Kind fühlen, dem andauernd nur seine Fehler vorgehalten werden? Ist es nicht viel motivierender, wenn das Richtige betont wird? Ich habe meine eigenen Schulkinder gefragt, was sie lieber unter einem Übungsdiktat lesen wollen: Zwei Fehler oder achtzehn Richtige bzw. achtzehn von zwanzig richtig?
Die Antwort der Kinder ist jedenfalls sehr eindeutig ausgefallen … Die können sich nämlich selber gut genug einschätzen und wissen schon, was noch nicht so läuft und folglich noch zu üben ist. Schon Kinder können und sollen lernen, dass es zwei Sichtweisen zum zur Hälfte gefüllten Glas gibt – ob es noch halb voll oder schon halb leer ist – und dass diese Sichtweisen unterschiedlich auf uns und andere wirken.

DIE GEDANKLICHE EINSTELLUNG DES LEHRERS

Im Mittelalter soll es so gewesen sein, dass sich die Lehrer vor Unterrichtsbeginn vor den Schülern verneigten, weil sie in ihnen die zukünftige Doktoren und Führungskräfte sahen. Probieren Sie doch aus, ob es Sie in Ihrer Einstellung den Kindern gegenüber verändert, wenn Sie dies einfach innerlich am Morgen eines jeden Schultages tun. Stellen Sie sich die Kinder vor und schicken Sie jedem einzelnen einen positiven Gedanken – und nehmen Sie wahr, was das mit Ihnen und den Kindern macht.

Rituale geben Halt

ACHTSAMKEIT IN BESONDEREN SCHULISCHEN SITUATIONEN

Sie kennen sicher die Episode, in welcher der kleine Prinz dem Fuchs begegnet und sie über die Bedeutung fester Bräuche sprechen. Da gibt es den Brauch, dass die Jäger jeden Donnerstag mit den Mädchen des Dorfes tanzen gehen, wodurch der Fuchs ungehindert den Spaziergang bis zum Weinberg genießen kann. Solche festen Bräuche unterscheiden einen Tag vom anderen und auch eine Stunde von der anderen.
Rituale zeichnen sich durch Regelmäßigkeit, Verbindlichkeit und Verlässlichkeit aus. Zu Ritualen gehört ein einmal eingeführter, klar definierter Ordnungsrahmen; sie bedürfen nicht jedes Mal einer neuen Erklärung und jeder weiß schon im Voraus, was ihn erwartet und worauf er sich einstellen und freuen darf. Gerade in unserer von Schnelllebigkeit, Hast und Eile geprägten Welt sind solche Rituale für die Kinder von großer Bedeutung. Sie vermitteln Halt, Sicherheit und Orientierung und sind fixe, verlässliche Angelpunkte im Schulalltag.

Ritualisierte Handlungsabläufe können einzelne Schultage, Schulwochen und das Schuljahr als Ganzes strukturieren – in der Art und Weise, wie ein Tag angefangen und beendet wird, wie die Pausen gestaltet werden, wie Wochenanfang und Wochenschluss begangen werden und wie besondere Anlässe und Zeiten während des Schuljahres zelebriert werden.

Die Kinder können und sollen übrigens in die Gestaltung vertrauter Rituale mit eingebunden werden. Sie können Vorbereitungsarbeiten und bestimmte Aufgaben übernehmen und tragen dadurch Mitverantwortung am Gelingen des Rituals. Es ist dann nicht etwas von außen Aufgestülptes, sondern in enger Beziehung zu den Kindern Stehendes; es ist ihr Ritual, das ihnen wichtig ist und bei dem sie sich wohl, geborgen und sicher fühlen.
Doch nicht nur für die Kinder, auch für Lehrer haben Rituale große Vorteile. Sind die Rituale erst einmal etabliert, bringen sie in den Unterrichtsalltag ein Mehr an Entlastung und Berechenbarkeit. Da alle wissen, wo es langgeht, begünstigt das eine entspannte Lehr- und Lernsituation (mehr hierzu in Klippert 2006, siehe Medientipps S. 104).

Der erste Tag im neuen Schuljahr

MATERIALIEN

Namenskärtchen, Glückskäfer aus Schokolade o. Ä.

VORBEREITUNG

Unabhängig davon, ob die Kinder neu in dieses Klassenzimmer kommen oder ob ich sie schon ein Jahr oder länger hier unterrichtet habe, ist der Raum zu Beginn eines neuen Schuljahres komplett eingerichtet.

DURCHFÜHRUNG

Die Kinder kommen in eine vorbereitete Umgebung mit Lehr- und Lernmitteln und eine Vielzahl von Pflanzen sorgt für eine einladende, wohnliche Atmosphäre. Die Schulstube, wie man sie früher noch bezeichnete, soll ein Ort sein, an den die Kinder immer wieder gern kommen.

Auf jedem Platz steht ein Namenskärtchen. Die Kärtchen auf den Tischen bringen zum Ausdruck, dass jedes Kind – sowohl im konkreten als auch im übertragenen Sinn – willkommen ist und (s)einen Platz in der Klasse hat.

Die Kinder sollen nicht nur ihren Sitzplatz haben, sondern sich in ihrer Einzigartigkeit und Einmaligkeit angenommen wissen. Gerne schreibe ich dann zum Namen noch eine positive Ankommensbotschaft dazu, etwa *„Schön, dass du da bist!"* oder *„Hier sitzt der clevere …"*.

Vor den Namenskärtchen liegt jeweils ein kleiner Glückskäfer aus Schokolade. Damit bringe ich zum Ausdruck, dass ich den Kindern von ganzem Herzen alles erdenklich Gute für das neue Schuljahr wünsche und alles in meiner Macht Stehende für ein gelingendes, glückliches Jahr tun werde.

HINWEIS

Gerade für Eltern, die ihr Kind zum ersten Mal in die Schule oder in eine neue Klasse begleiten, ist es wohltuend, wenn sie einen Raum erleben, der eine angenehme Atmosphäre ausstrahlt und der in der Art der Vorbereitung zum Ausdruck bringt, dass ihr Kind hier willkommen und angenommen ist.

Den Tag beginnen

MATERIALIEN

Klangschale, Röhrenglockenspiel o. Ä., Vorlesegeschichte

VORBEREITUNG

Tipp: Immer wieder werde ich von Kursteilnehmern gefragt, wie denn bei mir ein achtsamer Schultag anfängt. Gern gebe ich darüber Auskunft – wohl wissend, dass das nur eine von vielen gelingenden Möglichkeiten ist. Doch sie ist uns allen vertraut und bewährt sich in meinen Klassen seit Jahren.

DURCHFÜHRUNG

Die Kinder sitzen auf ihren Plätzen an den Tischen, die Schulmaterialien sind bereits von ihnen bereitgelegt worden.
Zum Klang der Klangschale nehmen die Kinder eine entspannte Körperhaltung für die „Stille Minute" (siehe Anleitung auf S. 22) ein.
Wenn alle ihre Position gefunden haben, beginnt der Klang des Röhrenglockenspiels die stille Minute und beendet sie auch wieder.
Die Kinder recken und strecken sich, anschließend stehen sie auf und es folgen eine Entspannungs- und/oder Aktivierungsübung (siehe Übungen im Kapitel „Wahrnehmungs- und Stilleübungen" ab S. 19 und „Über Bewegung zur Ruhe kommen" ab S. 49) für den Körper sowie ein Morgenlied.
Dann sammeln sich alle im hinteren Bereich der Klasse zu einem sogenannten „Kissenhaufen", was bedeutet, dass alle Kinder mit Blick zum Lehrer, der auf einem Stuhl sitzt, auf einem Sitzkissen oder einer Teppichfliese Platz nehmen. Mit der „Denkmütze" (siehe Anleitung auf S. 23) bereiten sich die Kinder für das aufmerksame Hinhören vor.
Der jeweiligen Altersstufe entsprechend, wird dann ein Abschnitt einer fortlaufenden Geschichte vorgelesen. Ein Didaktiker tat vor einigen Jahren bei einer Fortbildungsveranstaltung den Ausspruch „Das Vorlesen ist die Mutter des Lesens". So habe ich es mir zur Gewohnheit gemacht, das Ritual des Vorlesens in allen vier Grundschulstufen zur festen Gewohnheit zu etablieren, auf die sich alle Tag für Tag freuen – und die von den Schülern auch eingefordert wird.

Ein Kind feiert Geburtstag

MATERIALIEN

Geburtstagsgeschenk, Gutschein für eine Hausaufgabenbefreiung

HINWEIS

Der Geburtstag ist für ein Kind ein besonderer Tag. Auch in der Schule tragen wir dieser Tatsache Rechnung, indem das Kind an diesem Tag gefeiert wird. Fällt der Geburtstag aufs Wochenende oder in eine Ferienzeit, wird eben vor- oder nachgefeiert. Gleich zu Beginn des Schuljahres wird ein Geburtstagslied für diese Festlichkeiten einstudiert.

VORBEREITUNG

Bereiten Sie für jedes Kind eine kleine Aufmerksamkeit als Geburtstagsgeschenk vor. Sie können zudem den Tisch des Geburtstagskindes durch ein Windlicht, Blumen o. Ä. verzieren.

DURCHFÜHRUNG

Alle Kinder sitzen im Morgenkreis und singen für das Geburtstagskind ein Geburtstagslied. Das Geburtstagskind darf und soll es genießen, im Mittelpunkt zu stehen. Anschließend bekommt es sein Geburtstagsgeschenk und darf erzählen, wie es seinen Geburtstag feiern wird bzw. damit schon angefangen hat.
So erlebt sich das Kind als von der Gemeinschaft angenommen, wichtig und wertgeschätzt. Am Nachmittag des Geburtstages entfallen für das Geburtstagskind die Hausaufgaben. Und falls der Geburtstag gerade auf ein Wochenende oder einen Tag mit Nachmittagsunterricht fällt, an dem es natürlich keine Hausaufgabe gibt, bekommt es einen Gutschein für eine Hausaufgabenbefreiung, den es nach freiem Belieben einsetzen kann.

WAHRNEHMUNGS- und STILLEÜBUNGEN

Warum Wahrnehmungs- und Stilleübungen durchführen?

Es braucht immer wieder Zeiten der Stille und Übungen, durch welche die Kinder das Alltägliche mit den Sinnen wahrnehmen und Ruhe erfahren können. Das Gespür für die Stille muss geübt werden, da sie im Lärm und der Hektik des Alltags gar nicht mehr so leicht erfahren werden kann. Die Stille bereitet den Raum für die Wahrnehmung mit den Sinnen. Über die Sinne können die Kinder die Kraft der Stille entdecken und das Bewusstsein für ihren Körper entwickeln. Bei den Wahrnehmungs- und Stilleübungen werden die Sinne – vor allem das Hören, Sehen und Fühlen – in den Mittelpunkt des Wahrnehmens gerückt. Durch die Wahrnehmung über die Sinne kommen die Kinder wieder mehr in Kontakt mit sich selbst, mit ihren Körperempfindungen und der sie umgebenden Umwelt. Es sind einfache Übungen, die im Sinne der Vertrautheit und Wirkung regelmäßig wiederholt werden können und sollen.
Sie sind auf allen Stufen der Grundschule durchführbar. Sie können Adaptierungen der Übungen vornehmen, um diese für Ihre Klasse und Altersstufe anzupassen.

VOM SINN DER SINNE

Über die Sinne kommen die Kinder weg vom oberflächlichen Umgang mit den Dingen und gelangen wieder mehr in die Tiefe. Das differenzierte Wahrnehmen über die verschiedenen Sinne führt die Kinder zum genauen Hinhören und Hinschauen und zu einem achtsameren Umgang mit den Dingen.

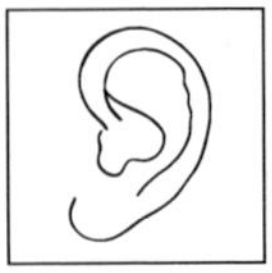

Durch das Trainieren des Hörsinns wird die Wahrnehmung der Kinder differenzierter. Obwohl sie ständig von Geräuschen umgeben sind, können sie das genauere Hinhören erlernen und feinere Nuancen wahrnehmen.

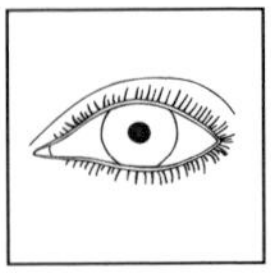

Die Kinder sehen zwar den ganzen Tag über irgendetwas und die Augen können in unserer reizüberfluteten Welt kaum mehr zur Ruhe kommen. Die wichtige Fähigkeit des Verweilens mit den Augen bei einer Sache lässt sich durch genaues Schauen und Betrachten wieder einüben.

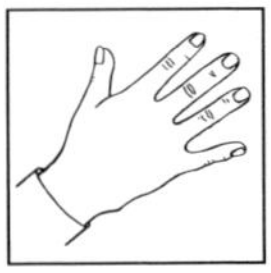

Beim Fühlen geht es um die Wahrnehmung über die Haut und den Tastsinn. Wenn ein Gegenstand ertastet wird, so soll er auf behutsame, aufmerksame Weise so intensiv wie möglich wahrgenommen werden.

Grundsätzliche Überlegungen zum Einsatz von Stille- und Wahrnehmungsübungen

DIE RUHE DES LEHRERS

Wenn es sich um eine angeleitete Übung handelt, ist die Grundvoraussetzung für die Durchführung jeglicher Form von Stille- und Wahrnehmungsübungen natürlich die eigene Ruhe des Lehrers. Er achtet auf die Stille bei sich und im eigenen Lebensvollzug und ist darauf bedacht, bei der Anleitung der Übung ruhig, langsam und mit sanfter Stimme zu sprechen.

Auch in seinen Bewegungen strahlt er diese Ruhe aus, indem er schnelle, hastige Bewegungen vermeidet und seinen Händen und Füßen die Ungeduld nimmt.
Ein Lehrer, der selber ruhig ist, kann die Kinder besser zur Ruhe anleiten und sie in die Bereiche von Muße und Stille führen und begleiten. Die Ruhe und Stille bei den Kindern beginnt bei der Ruhe und Stille des Lehrers.

DER PASSENDE ZEITPUNKT

Stille- und Wahrnehmungsübungen entfalten ihre beruhigende und sammelnde Wirkung am besten, wenn sie ein regelmäßiges Element des Unterrichts sind. Zu Beginn der Unterrichtsstunde kann die Übung den Kindern helfen, sich nach der Unruhe und Bewegung der Pause zu sammeln und zur Ruhe zu kommen.

Doch auch zwischendurch ist immer wieder der rechte Zeitpunkt für den Einsatz einer Stilleübung. Wenn die Kinder ganz bei sich und bei der Sache sein sollen, etwa wenn eine Geschichte vorgelesen oder ein Bild betrachtet wird, kann eine zuvor durchgeführte Stilleübung den Kindern helfen, still zu werden und ihre Aufmerksamkeit zu bündeln.

Stille- und Wahrnehmungsübungen können natürlich auch für sich selber stehen und die Sinne schärfen, indem sie die Wahrnehmung schulen und verfeinern. Im aufmerksamen, achtsamen Tun führen diese Übungen ganz automatisch in den Bereich der Ruhe und Muße. Diese regelmäßigen Momente des Innehaltens helfen dabei, mehr und mehr präsent zu sein und bereiten damit letztlich den guten Boden für ein förderliches Leben und Lernen in der Schule.

Die stille Minute

MATERIALIEN

Uhr, Zimbeln bzw. eine Klangschale, eine Glocke, einen Klangstab oder ein Röhrenglockenspiel o. Ä.

DURCHFÜHRUNG

Die Kinder können auf einem Stuhl im sogenannten „stillen Häuschen" oder in aufrechter Haltung sitzen. In jedem Fall sollen die Fußsohlen mit der ganzen Fläche Kontakt zum Boden haben. Beim „stillen Häuschen" liegen die Arme verschränkt auf dem Tisch und der Kopf ruht mit der Stirn auf den Armen.
Wenn die Kinder aufrecht sitzen, dann sitzen sie, ohne den Rücken anzulehnen, auf dem vorderen Teil der Sitzfläche und halten den Oberkörper vom Becken aus aufgerichtet. Die Handflächen ruhen entweder auf den Oberschenkeln oder liegen auf der Bauchdecke auf, wodurch die Kinder intensiver in Kontakt mit dem eigenen Atem sein können.
Zum beginnenden Klang der Zimbeln schließen die Kinder die Augen. Während der stillen Minute gibt es nichts Besonderes zu tun, die Aufmerksamkeit wird schlicht und einfach auf das Ein und Aus des Atems gerichtet. Die Kinder können den ein- und ausströmenden Atem an den Nasenöffnungen spüren oder das Heben und Senken der Bauchdecke mit der Ein- und Ausatmung wahrnehmen.
Nach dem Zimbelklang am Ende der stillen Minute öffnen sie die Augen, räkeln und dehnen sich.

HINWEIS

Es gibt Klassen, die von sich aus gewillt sind, die Dauer der stillen Minute auch auf mehrere – z. B. drei oder fünf – Minuten auszudehnen.
Normalerweise bedient der Lehrer das Klanginstrument. Diese Aufgabe kann auch einem Kind übertragen werden, das während der stillen Minute natürlich die Uhr im Blick haben wird. Der Lehrer nimmt währenddessen auf dem Stuhl dieses Kindes Platz.

Denkmütze

MATERIALIEN

evtl. eine Musikdose

HINWEIS

An den Ohren befinden sich viele Akupressurpunkte, die in Verbindung mit den Funktionen des Körpers und Gehirns stehen. Durch die Übung der Denkmütze werden diese allgemein aktiviert und vor allem die Konzentration auf das Hören unterstützt.

DURCHFÜHRUNG

Die Kinder sitzen oder stehen. Mit Daumen und Zeigefinger massieren sie sanft beide Ohren in der Form, dass sie die Ohren sanft am Rand ziehen bzw. ausstreifen. Der Bewegungsablauf führt oben beginnend bis zu den Ohrläppchen und kann mehrere Male hintereinander durchgeführt werden.

TIPP

In meinem Unterricht ist die Übung der Denkmütze ein vertrautes Ritual vor dem Vorlesen einer Geschichte. Während ein Kind an der Musikdose kurbelt, massieren die anderen ihre Ohren.

Oftmals kombinieren wir diese Übung, indem wir das Massieren der Ohren im Wechsel mit dem Strömen der Sitzknochen durchführen, welches ebenfalls der Förderung von Ruhe und Konzentration dienlich ist. Dabei setzen sich die Kinder einfach auf die Hände – je nach Unterlage auf die Handinnenflächen oder die Handrücken.

Den Atem wahrnehmen

MATERIALIEN

keine

HINWEIS

Die schlichte Wahrnehmung des Atems ist die grundlegende Basis jeglicher meditativer Praxis. Dabei soll der Atem nicht kontrolliert oder gesteuert, sondern lediglich beobachtet werden. Es geht um die bewusste Wahrnehmung dieses Dreischrittes von Einatem, Ausatem und Atempause, bevor vom Körper ganz von selber wieder der Impuls zum Einatmen kommt.
Den Atem immer wieder bewusst wahrzunehmen und zu beobachten, ist eine wirkungsvolle Hilfe zur Steigerung von Aufmerksamkeit, Konzentration, Ruhe und Stille.

DURCHFÜHRUNG

Bewusste Atemwahrnehmung kann in jeder Körperhaltung geschehen – sitzend, stehend oder auch liegend. Es ist einzig darauf zu achten, dass der Bauchraum genügend Bewegungsfreiheit hat, sodass sich die Bauchdecke im Rhythmus des Ein- und Ausatems frei heben und wieder senken kann.
Unterstützend können eine oder auch beide Hände auf die Bauchdecke gelegt werden, um so bewusster und intensiver in Kontakt mit dem eigenen Atem zu kommen und die Atembewegung in der Bauchdecke wahrzunehmen. Die Kinder können während einer vorher definierten Zeit oder für eine bestimmte Anzahl von beispielsweise zehn Atemzügen den Atemweg beobachten und wahrnehmen.
Zum Abschluss der Übung können sie einen tiefen, festeren Atemzug nehmen und sich etwas dehnen, räkeln und strecken.

TIPP

Bei allen Übungen im Zusammenhang mit dem Atem sollten Sie stets darauf hinweisen, dass es das Ziel ist, auf den Atem zu achten und ihn geschehen zu lassen – kein Beeinflussen, kein Steuern.

Aufmerksamkeit auf den Körper

MATERIALIEN

evtl. Decken oder Matten zum Liegen

VORBEREITUNG

Legen Sie ggf. Decken oder Matten bereit.

HINWEIS

Diese Übung kann im Sitzen, Stehen oder Liegen durchgeführt werden. Vor allem im Liegen ist darauf zu achten, dass jedes Kind genügend Platz zum freien Liegen hat. Das Schließen der Augen erleichtert die Konzentration auf den eigenen Körper und hält von Ablenkungen fern.

DURCHFÜHRUNG

Zuerst richten die Kinder die Aufmerksamkeit auf den Atem und kommen im achtsamen Wahrnehmen und Beobachten des Ein- und Ausatems zur Ruhe.

Anschließend werden sie angeleitet, ihre Aufmerksamkeit auf bestimmte Bereiche ihres Körpers zu richten, diese zu spüren und dort für ein paar Augenblicke zu verweilen.

Auf diese Weise kann der Körper von den Füßen bis zum Kopf durchwandert werden, man kann sich aber auch nur auf einige bestimmte Körperteile beschränken, die intensiv gespürt werden.

TIPP

Wenn sich die Kinder im Vorfeld bewusst mit ihrem eigenen Körper und den einzelnen Körperteilen auseinandergesetzt haben, kann auch ein lebensgroßes Körperbild gestaltet und an die Wand gehängt werden. Der Lehrer oder ein Kind kann dann wortlos auf einen Körperteil zeigen, in den die anderen Kinder dann hineinspüren und einige Augenblicke dort mit ihrer Aufmerksamkeit verweilen.

Hand-Bewusst-Sein

MATERIALIEN

Zimbeln

HINWEIS

Die Übung des bewussten Wahrnehmens der Hände kann an jedem Ort durchgeführt werden. Es bedarf dabei nur des Umschaltens von der gewohnheitsmäßigen, unbewussten Daseinsweise zu einer wachen, empfangenden und präsenten Haltung. Während des Tages kann es immer wieder mal einen Augenblick der wachen Wahrnehmung geben, indem die aktuelle Tätigkeit unterbrochen bzw. angehalten wird und sich alle ihrer Hände bewusst werden. Dabei soll jedes kleinste Detail ins Bewusstsein gelangen – die Haltung der Hände, ob sie sich gegenseitig berühren, wo sie gerade aufliegen, ob sie gerade etwas halten und wie sich der Kontakt zu diesem Gegenstand anfühlt.
Diese Übung ermöglicht, wieder mehr im Kontakt mit sich selber und der Sache zu sein und sich dann mit neuer Aufmerksamkeit der Aufgabe zu widmen.

DURCHFÜHRUNG

Nach einem Zimbelklang beginnt der Lehrer, die Übung anzuleiten: *„Wo immer du gerade bist, was immer du gerade tust, komm zur Ruhe und halte ein paar Momente inne. Versuche, deine Hände zu spüren. Spüre die Luft, die sie umgibt, oder spüre, wie sie einen Gegenstand berühren oder wo sie gerade aufliegen. Nimm deine Hände bewusst wahr und erinnere dich dankbar daran, wie wunderbar es ist, dass du Hände hast, mit denen du spüren und fühlen kannst. Bleibe kurz mit der Aufmerksamkeit bei deinen Händen und mach dann konzentriert dort wieder weiter, wo du vorhin aufgehört hast."*

TIPP

Die Übung kann auch im Zusammenhang mit einer Tätigkeit stehen, die alle Kinder zur gleichen Zeit ausführen. So kann das übliche, automatisierte Zusammenräumen der Schulsachen zu einer Übung der Achtsamkeit werden, indem sich die Kinder aller Empfindungen und Bewegungen der Hände beim Verrichten dieser Tätigkeiten bewusst werden. Es versteht sich, dass Reden nicht möglich ist, weil dies die Aufmerksamkeit von den Händen abziehen würde.

Fuß-Bewusst-Sein

MATERIALIEN

Zimbeln

HINWEIS

Auch die Füße können bewusst zu jeder Zeit und an jedem Ort wahrgenommen werden. Dies kann im Sitzen, Stehen oder Gehen geschehen. Bei Letzterem geht es um das bewusste Umschalten vom automatisierten Gehen zu dem bewussten Wahrnehmen der Berührung des Bodens, auf dem wir uns bewegen. Das bewusste, aufmerksame Wahrnehmen der Füße und des Kontaktes der Fußsohlen zum Boden kann als kurzer Moment des Innehaltens einfach so für sich zwischendurch immer wieder geschehen. Es ist auch möglich, dies zu einem kleinen, einfachen Ritual werden zu lassen, indem es einige Augenblicke des Fuß-Bewusst-Seins gibt, die einen Übergang bezeichnen – vom Sitzen zum Stehen bzw. vom Stehen zum Sitzen, vom Stehen zum Gehen an einen anderen Ort in der Klasse oder im Schulhaus und dann auch wieder, wenn alle nach dem Gehen zur Ruhe des Stehens gefunden haben.

DURCHFÜHRUNG

Nach einem Zimbelklang beginnt der Lehrer, die Übung anzuleiten: *„Wo immer du gerade sitzt oder stehst, was immer du gerade tust, komm zur Ruhe und halte inne. Versuche, deine Füße zu spüren. Nimm wahr, wie sie den Boden oder die Schuhe berühren, und versuche, deine Fußsohlen zu spüren. Nimm deine Füße bewusst wahr und erinnere dich dankbar daran, wie wunderbar es ist, dass du Füße hast, mit denen du spüren und fühlen kannst. Bleibe ein paar Augenblicke mit der Aufmerksamkeit bei deinen Füßen und mach dann konzentriert dort wieder weiter, wo du vorhin aufgehört hast."*

VARIANTE

Man kann den ganzen Körper durch den bewusst wahrgenommenen Atem beleben, indem man den Ausatem über die Fußsohlen in den Boden strömen lässt und durch die Fußsohlen wieder einatmet. Schon drei bewusste Atemzüge sind ausreichend als kleine, ritualisierte Übung der Achtsamkeit. Dabei ist darauf zu achten und immer wieder daran zu erinnern, dass der Atem lediglich wahrgenommen und zugelassen, nicht aber direkt gesteuert wird – jeder darf und soll in seinem Tempo atmen.

Einen Kreis bilden

MATERIALIEN

keine

HINWEIS

Für verschiedene unterrichtliche Situationen brauchen wir die Sozialform des Kreises. Das Bilden des Kreises soll nicht nur Mittel zum Zweck sein, sondern kann selber zu einer kleinen und immer vertrauteren Übung der Achtsamkeit im Schulalltag werden, indem wir darauf achten, dass es auf ruhige, behutsame Art und Weise geschieht. Einige Möglichkeiten seien hier aufgezeigt.

DURCHFÜHRUNG

Der Lehrer holt die Kinder in den Kreis, indem er die Namen der Kinder flüstert.

Die Kinder sitzen mit geschlossenen Augen in aufrechter Körperhaltung oder im „stillen Häuschen" (die Arme liegen verschränkt auf dem Tisch und der Kopf ruht mit der Stirn auf den Armen).

Der Lehrer geht mit achtsamen Schritten durch die Klasse und holt ein Kind nach dem anderen in den Kreis, indem er es sanft an der Schulter berührt.

Die Kinder werden nach bestimmten Merkmalen in den Kreis gerufen, z. B.: *„Alle Kinder mit langen, blonden Haaren …"* oder *„Alle Kinder, die ein T-Shirt tragen …"*

Der Lehrer holt die einzelnen Kinder mit einem nonverbalen Impuls in den Kreis – durch Zunicken, Zublinzeln oder eine einladende Geste mit der Hand.

Der Lehrer hält Karten mit verschiedenen Farben hoch. Die Kinder, die die betreffende Farbe irgendwo an ihrer Kleidung finden, dürfen in den Kreis kommen.

TIPP

Wenn die Kinder mit den Stühlen in den Kreis kommen, werden sie angehalten, darauf zu achten, dass sie ganz behutsam mit den Stühlen umgehen: *„Komm so leise in den Kreis, dass ich fast nichts höre!"*

Dialog der Instrumente

MATERIALIEN

2 Trommeln, 2 Trommelschlägel und 2 Sitzkissen

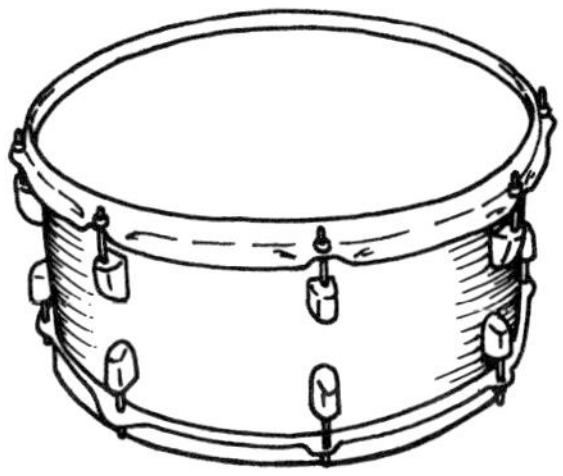

VORBEREITUNG

Platzieren Sie Trommeln und Sitzkissen in der Kreismitte.

DURCHFÜHRUNG

Alle Kinder sitzen im Stuhlkreis, in der Mitte sind die Trommeln und davor liegend die Sitzkissen einander gegenüber platziert. Der Lehrer setzt sich an eine Trommel und gibt einen gleichmäßigen, einfachen Rhythmus vor. Die Kinder hören genau hin und nehmen den Rhythmus auf.

Ein Kind, das es sich zutraut, setzt sich an die freie Trommel und übernimmt den vorgegebenen Rhythmus.
Für kurze Zeit spielen beide gemeinsam diesen Rhythmus, dann geht der Lehrer wieder an seinen Platz im Stuhlkreis.
Das Kind an der Trommel ändert den Rhythmus und spielt nun ein eigenes, gleich bleibendes Rhythmusmuster.

Dann geht der beschriebene Ablauf von vorne los, bis alle an der Reihe gewesen sind. Am Schluss kommt nochmals der Lehrer an die Reihe, damit jedes Kind die Erfahrung machen kann, dass sein Rhythmus übernommen worden ist.

HINWEIS

Es geht um das genaue Hinhören und hat damit zu tun, sich auf den anderen und seinen Rhythmus einzulassen.
Für denjenigen, der den Rhythmus vorgibt, ist es wichtig, diesem eigenen Rhythmus treu zu bleiben, falls das dazugekommene Kind den Rhythmus zu Beginn noch nicht ganz sicher übernehmen kann.

Finger strömen

VORBEMERKUNG

Indem die Kinder mit dem Strömen vertraut gemacht werden, haben sie eine einfache und wirkungsvolle Möglichkeit zur Aktivierung und Stärkung der eigenen Selbstheilungskräfte zur Hand.

MATERIALIEN

keine

DURCHFÜHRUNG

Die Kinder sitzen auf dem vorderen Teil der Sitzfläche des Stuhles und halten den Oberkörper vom Becken aus aufgerichtet, ohne den Rücken anzulehnen; die Fußsohlen sollen mit der ganzen Fläche Kontakt zum Boden haben.

Für die Dauer von jeweils einer Minute halten die Kinder je einen Finger, indem sie ihn mit den Fingern der anderen Hand locker umschließen. Es wird mit dem Daumen begonnen.

Das Halten des Daumens harmonisiert bei Sorgen und hilft beim Einschlafen.
Das Halten des Zeigefingers beruhigt bei Angst. Das Halten des Mittelfingers harmonisiert die Wut. Das Halten des Ringfingers tröstet bei Trauer und das Halten des kleinen Fingers harmonisiert die Bemühung und stärkt die Ich-Kraft.

Das abschließende Halten der Handinnenflächen bzw. Falten der Hände harmonisiert das ganze Wesen.

HINWEIS

Die CD zum Kinder- und Hörbuch „Luca – Jin Shin Jyutsu für und mit Kindern" von Ilse Fraisl (siehe Medientipps S. 104) enthält die Vertonung des Anleitungstextes zum Fingerstrom sowie eine weiterführende Anleitung zum Zentralstrom für Kinder. Hierbei lernen sie auch ein wirksames Selbsthilfewerkzeug für zu Hause kennen.

Ein Instrument wandert

MATERIALIEN

ein kleines Instrument, wie eine Triangel, Zimbeln oder ein Glöckchen, Tuch oder Decke

VORBEREITUNG

Legen Sie ein Instrument bereit und decken Sie dieses mit dem Tuch ab.

DURCHFÜHRUNG

Der Lehrer und alle Kinder sitzen im Kreis. Die Kinder haben die Augen geschlossen und die Hände zur Schale geformt. Der Lehrer hat ein kleines Instrument vorbereitet, das aber noch verdeckt ist.

Der Lehrer geht zu einem Kind und gibt ihm dieses Instrument in die Hand.
Das Kind öffnet die Augen und lässt das Instrument erklingen.

Dann wechselt der Lehrer mit diesem Kind den Platz und dieses geht nun zu einem anderen Kind, dem es wiederum das Instrument in die Hand gibt.

So geht es weiter, bis alle an der Reihe gewesen sind.

HINWEIS

Die Kinder gehen aufeinander zu und nehmen Beziehung zueinander auf. Sie müssen warten können und bereit sein, das Instrument zu empfangen. Wichtig ist, dass das sehende Kind dem wartenden Kind das Instrument sehr behutsam in die Hände legt.

Einen Stein mit dem Tastsinn auswählen

MATERIALIEN

ein Korb mit Halbedelsteinen, Flusssteinen oder Steinen verschiedener Form und Größe, die von den Kindern jeweils gut in der Hand gehalten werden können

DURCHFÜHRUNG

Die Kinder sitzen im Stuhlkreis und haben die Augen geschlossen. Die Füße berühren mit der ganzen Fußsohle den Boden und die Hände ruhen auf den Oberschenkeln.

Der Lehrer geht in freier Reihenfolge von einem Kind zum anderen. Wenn er vor einem Kind steht, flüstert er dessen Namen.

Das Kind darf nun mit geschlossenen Augen in den Korb greifen und einen Stein auswählen. Es lässt ihn in seiner Hand ruhen, bis alle Kinder an der Reihe gewesen sind. Dabei bleiben die Augen die vollständige Zeit geschlossen.

Abschließend können die Kinder sagen, warum sie gerade diesen Stein ausgewählt haben und welche Farbe er vor ihrem inneren Auge hatte.

Die Steine können wieder behutsam in den Korb oder für den weiteren Schultag auf den Schülertisch gelegt werden – als Erinnerungshilfe, „still wie ein Stein" zu sein.

HINWEIS

Normalerweise wählen wir Gegenstände mit den Augen aus. Etwas mit dem Tastsinn auszuwählen, ist eine ganz konträre Erfahrung dazu und eröffnet uns neue Sinneswahrnehmungen.

Tönen: Ich sehe was, was du nicht siehst

MATERIALIEN

keine

DURCHFÜHRUNG

Die Kinder befinden sich in der Klasse oder im Turnsaal. Es wird vereinbart, welches Kind zuerst an der Reihe ist und kurz rausgeht. Während dieses Kind vor der Tür wartet, vereinbaren die anderen, welchen Gegenstand im Raum sie erraten lassen.

Das vor der Tür stehende Kind wird von einem anderen Kind in den Raum geholt. Dort erhält es einen einzigen verbalen Hinweis, wie z. B.: *„Ich sehe was, was du nicht siehst, und das ist blau."*

Aufgrund dieser Information macht es sich auf die Suche. Die anderen Kinder reagieren lediglich mit in der Tonhöhe ansteigenden oder abfallenden Tönen.

Wenn es den gesuchten Gegenstand gefunden hat, darf es das Kind auswählen, das als Nächstes an die Reihe kommt.

HINWEIS

Bei Spielen wie diesem ist darauf zu achten, dass alle Kinder an die Reihe kommen. Das muss nicht in derselben Unterrichtseinheit oder am selben Tag sein, sondern kann sich auch über die Woche verteilen.

Blinder Bildhauer

MATERIALIEN

Augenbinden

DURCHFÜHRUNG

Die Kinder finden sich in Dreiergruppen zusammen bzw. werden entsprechend eingeteilt. Ein Kind ist der blinde Bildhauer, eines das Modell und eines der Klumpen Ton, aus dem die Kopie gestaltet werden soll.
Die Kinder, die das Modell und den Klumpen Ton spielen, stellen sich nebeneinander auf. Der Bildhauer steht den beiden gegenüber und setzt sich die Augenbinde auf.

Nun beginnt der blinde Bildhauer, das Modell abzutasten. Dabei beginnt er mit der Gesamthaltung – z. B. der Stellung der Beine, des Oberkörpers und der Arme – und wird dann in seiner Wahrnehmung immer differenzierter, etwa wenn es um die Haltung der Finger geht.

TIPP

Es sollte möglichst drei Durchgänge geben, sodass jedes Kind einmal in jede Rolle geschlüpft ist. Außerdem ist zu vereinbaren, welche Körperteile abgetastet werden dürfen und welche tabu sind. Am besten wird das mit den Kindern gemeinsam besprochen; dabei lernen sie gleichzeitig, ihre Bedürfnisse und Grenzen wahrzunehmen und zu artikulieren.

Geräuschwelle

MATERIALIEN

keine

DURCHFÜHRUNG

Die Kinder sitzen im Schneidersitz in einem möglichst großen Kreis im Turnsaal auf dem Boden. Je größer der Raum ist, desto eindrucksvoller ist das Klangerlebnis. Alternativ dazu kann die Übung aber auch im Klassenzimmer im Stuhlkreis durchgeführt werden.

Der Lehrer schickt ein Geräusch in die Runde, etwa durch Patschen mit den Handflächen auf den Oberschenkeln, Klopfen der Fingerkuppen auf dem Boden oder eine ähnliche Aktion.
Noch während er dieses Geräusch mehrmals macht, dreht er seinen Kopf in Richtung des nächsten Kindes und nimmt Blickkontakt auf. Sobald der Augenkontakt hergestellt ist, übernimmt das Kind das Geräusch, woraufhin der Lehrer damit aufhört.

Weiterhin das Geräusch erzeugend, dreht das Kind seinen Kopf zum nächsten Kind in der Runde, nimmt wieder Blickkontakt auf und gibt das Geräusch so im Kreis weiter. Die Geräuschwelle darf dabei nie abbrechen, das Geräusch darf aber auch nicht zu früh übernommen werden.

HINWEIS

Besonders reizvoll und spannend ist es, wenn nach einer Weile ein zweites Geräusch in die Runde geschickt wird und das eine das andere zu fangen versucht. Da ist die Konzentration und Aufmerksamkeit der Kinder besonders gefordert, da sie nicht nur dem abgeschickten Geräusch nachschauen, sondern auch schon das nächste aufmerksam erwarten sollen.

Was passt zusammen?

MATERIALIEN

ein Korb, ein Tuch und jeweils 2 gleiche Gegenstände, die sich in Form und Größe deutlich von den anderen unterscheiden, z. B. Flaschenkorken, Hosenknöpfe, Holzkugeln, Glasperlen, Gummibälle, Massagebälle, Streichhölzer, Tannenzapfen, Eicheln, Holzstäbchen, Spielwürfel, Holzklötze, Legosteine usw.

VORBEREITUNG

Stellen Sie den mit allen Materialien gefüllten Korb in die Kreismitte und decken Sie ihn mit einem Tuch ab.

DURCHFÜHRUNG

Die Kinder stehen im Kreis, halten die Arme auf dem Rücken und haben die Hände zu einer Schale geformt.
Der Lehrer legt je einen Gegenstand in die zur Schale geformten Hände. Die Kinder können diesen dabei nicht sehen.

Zuerst ertasten die Kinder ihren Gegenstand, um einen genauen Eindruck davon zu bekommen, was sie da in ihren Händen halten.
Anschließend bewegen sie sich durch den Raum, finden mit Blickkontakt ein anderes Kind, stellen sich Rücken an Rücken auf und ertasten gegenseitig behutsam ihre Gegenstände, bis sich die Paare gefunden haben.

TIPP

Man kann diese Übung so durchführen, dass die Kinder miteinander reden dürfen und sich austauschen können, ob ihre beiden Gegenstände zusammenpassen.
Besonders reizvoll ist es, wenn die Übung schweigend durchgeführt wird.
Wiederum ertasten die Kinder gegenseitig, ob ihre Gegenstände zusammenpassen, verständigen sich aber nur durch Kopfnicken bzw. Kopfschütteln und gehen dann entweder weiter, um ihren Partner zu finden, oder stellen sich am Rand in Paaren auf.

Horch-Memory®

MATERIALIEN

Filmdosen von analogen Filmen oder andere kleine, blickdichte Plastikdosen; Füllmaterialien, wie Kieselsteine, Sand, Holzstückchen, Kugeln unterschiedlichen Materials, leere Tintenpatronen, Stecknadeln usw.

VORBEREITUNG

Jeweils zwei Dosen werden mit identischem Inhalt gefüllt. Das kann vorbereitend durch den Lehrer geschehen, aber auch gemeinsam mit den Kindern gemacht werden. Durch ihre eigene Mitarbeit werden die Kinder mehr Bezug zu dem Material haben und folglich achtsamer damit umgehen.

DURCHFÜHRUNG

Die Kinder sitzen je nach Anzahl der Mitspieler um einen Tisch oder im Kreis auf dem Boden. Wie beim bekannten Bilder-Memory® gilt es auch hier, die passenden Paare zu finden – statt durch Umdrehen der Karten nun durch sanftes Schütteln von jeweils zwei Dosen.

TIPP

Zur Kontrolle, ob die beiden Dosen zusammenpassen, empfiehlt es sich, auf dem Boden kleine Etiketten mit den entsprechenden Nummern aufzukleben. Wenn die Dosen nämlich zur Kontrolle jeweils geöffnet werden, besteht die Gefahr, dass etwas vom Inhalt herauskommt und der Klang und das Gewicht dann nicht mehr genau identisch sind.

Stille Post

MATERIALIEN

keine

VORBEREITUNG

Die Kinder stehen oder sitzen im Kreis, können sich aber auch an ihren Sitzplätzen im Klassenraum befinden.

DURCHFÜHRUNG

Der Lehrer flüstert einem Kind etwas ins Ohr, das es dem nächsten Kind weiterflüstert, bis es beim letzten Kind angekommen ist, das dann laut ausspricht, was es gehört hat.

Im Zusammenhang mit Wahrnehmungs- und Stilleübungen und der Schulung der Achtsamkeit üben wir den behutsamen Umgang mit dem Gesprochenen, das weitergegeben wird. Das kann nur ein Wort, z. B.: *„Pause!"*, oder auch eine einfache Arbeitsaufforderung, wie: *„Stuhlkreis bilden!"* oder *„Rechenbuch Seite 12!"*, sein. So kann die Stille Post zu einer kleinen Insel des Innehaltens im Schulalltag werden.

HINWEIS

Dieses Spiel wird wohl für die wenigsten neu sein, ist aber nach wie vor ein lustiger Klassiker, der zudem der Förderung von Achtsamkeit, Aufmerksamkeit und Konzentration dienlich ist. Zum einen geht es um das genaue, aufmerksame Hinhören, das in der lauten Welt von heute gar nicht mehr so vertraut ist. Zum anderen geht es aber auch um die Verantwortung des Kindes, das jeweils die Nachricht weitergibt, dem Empfänger der Botschaft gegenüber. Schließlich ist für diesen nichts unangenehmer, als nur ein unverständliches Gemurmel zu hören und dann irgendetwas an das nächste Kind weitergeben zu müssen.

Stille Post – ohne Worte

MATERIALIEN

keine

DURCHFÜHRUNG

Die Kinder stehen oder sitzen im Kreis und fassen sich an den Händen.
Der Lehrer sagt, in welche Richtung er die Post per Händedruck abschicken wird. Wenn er die Post beispielsweise im Uhrzeigersinn abschickt, weiß das Kind rechts von ihm, dass es der Empfänger sein wird.

Nun schließen alle die Augen und der Lehrer schickt die Post ab. Er signalisiert den Beginn der Übung mit dem Wort: *„Jetzt!"*
Die empfangene Post wird per Händedruck von Kind zu Kind weitergegeben.
Wenn die Post beim letzten Kind im Kreis angekommen ist, sagt dieses: *„Angekommen!"*

Wenn die Kinder mit dieser Variante der stillen Post vertraut sind, nennt das Kind, bei dem die Post angekommen ist, immer ein neues Kind, das die Post von vorn losschicken darf.

VARIANTE

Eine weitere Variante besteht darin, dass das Kind, welches die Post losschickt, nicht sagt, in welche Richtung es geht. Die Nachbarn zur linken und rechten Seite des Absenders werden ja gleich zu Beginn spüren, ob die Post in ihre Richtung abgegangen ist oder ob sie am Ende der Runde der Empfänger der Post sein werden.

Was hat sich verändert?

MATERIALIEN

keine

DURCHFÜHRUNG

Die Kinder stehen sich paarweise gegenüber und es wird ausgemacht, wer von beiden mit der Übung beginnt.
Während das erste Kind seine Augen schließt, verändert das andere eine Kleinigkeit an seinem Äußeren – z. B. an der Frisur, der Einstellung des Gürtels, an einem Schmuckstück usw. und gibt dem anderen Kind Bescheid, wenn es fertig ist. Dieses öffnet nun seine Augen, beobachtet das gegenüberstehende Kind ganz genau und versucht, die Änderung zu entdecken. Anschließend werden die Rollen getauscht.

HINWEIS

Diese Übung kann auch ganz ohne Worte durchgeführt werden, indem das beobachtende Kind seine Vermutung, was verändert wurde, nicht ausspricht, sondern nur auf die entsprechende Stelle am Körper des anderen Kindes zeigt. Auch die Antwort erfolgt dann wortlos durch Nicken oder Kopfschütteln.

Einen Gegenstand berühren

MATERIALIEN

Der Gegenstand, der Inhalt der Übung sein soll, z. B. ein Stein, ein Schreibzeug, eine Astscheibe, eine Holzkugel. Letztlich kann es jede Art von Gegenstand sein, der im Alltag für die Kinder von Bedeutung ist.

DURCHFÜHRUNG

Die Kinder sitzen in aufrechter Haltung und mit gutem Kontakt der Fußsohlen zum Boden auf einem Stuhl. Der Gegenstand kann sich auf dem Tisch bzw. Boden vor ihnen befinden oder alternativ dazu vom Lehrer in die zur Schale geöffneten Hände gelegt werden.
Damit der Gegenstand intensiver mit dem Tastsinn erforscht werden kann, ist es ratsam, die Augen bei dieser Übung zu schließen. Dann wird der Gegenstand ganz bewusst mit Fingern und Händen erforscht und ertastet. Jede kleinste Einzelheit ist dabei wichtig und soll erkannt werden – seine Größe und Form, sein Gewicht, die Beschaffenheit seiner Oberfläche, das Material, aus dem er geformt ist, usw.
In einem weiteren Schritt kann der Gegenstand ebenso bewusst mit den Augen erforscht und betrachtet werden, sodass auch mit dem Sehsinn jedes kleinste Detail wahrgenommen wird.
Abschließend wird der Gegenstand besonders achtsam abgelegt.

HINWEIS

Wenn Kinder so behutsam mit Gegenständen umgehen, treten sie in eine Beziehung mit ihnen. So ein Gegenstand ist dann nicht mehr nur irgendein Ding, mit dem gewohnheitsmäßig und oft achtlos umgegangen wird. Der Umgang damit kann bewusster und behutsamer werden.
Die Kinder können sich auch Gedanken dazu machen, wie und von wem dieser Gegenstand hergestellt worden ist und was für eine Geschichte er hat. Dann geht es nicht mehr um das bloße äußere Berühren dieses Gegenstandes, sondern die Kinder werden umgekehrt innerlich von diesem Gegenstand berührt.

Der wache Blick aus dem Fenster

MATERIALIEN

evtl. Zimbeln

DURCHFÜHRUNG

Die Kinder setzen oder stellen sich so hin, dass sie gut aus dem Fenster nach draußen schauen können. Dann schließen sie ihre Augen und finden zur Ruhe, indem sie den ein- und ausströmenden Atem beobachten.

Zum Klang der Zimbeln öffnen sie die Augen und schauen mit wachem Blick aus dem Fenster. Es geht darum, so viele Details wie möglich wahrzunehmen, die im Blickfeld erscheinen. Ein weiterer Zimbelklang beendet die Zeit des achtsamen Schauens und die Kinder drehen sich zur Mitte bzw. gehen auf ihre Plätze.

Anschließend dürfen sie sagen, was sie gesehen haben. Dabei geht es auch ums achtsame Hinhören, was die anderen Kinder sagen, falls sie zu den genannten Dingen noch etwas zu ergänzen haben. Beispielsweise kann ein Kind sagen, dass es ein rotes Auto vorbeifahren gesehen hat und ein anderes kann sich dann melden und von seiner Wahrnehmung berichten, dass in diesem Auto eine Frau mit braunem Haar gesessen hat.

HINWEIS

Den ganzen Tag über strömen visuelle Sinneseindrücke auf die Kinder ein. Im Innehalten wollen wir dieser Reizüberflutung Einhalt gebieten und das bewusste Sehen und Wahrnehmen zum Inhalt machen.

Das bewusste Innehalten im Alltag mit der Absicht des genauen, achtsamen Schauens ist eine wohltuende Pause und vermittelt, dass wir selber entscheiden können, worauf wir unsere Aufmerksamkeit richten und was wir genauer betrachten und uns allenfalls daran freuen wollen.

Wald-Memory®

MATERIALIEN

2 Tücher, Naturgegenstände, wie Zapfen, Steine, Blätter usw. aus dem Wald

DURCHFÜHRUNG

Die Kinder stehen im Wald im Kreis. Der Lehrer legt auf das Tuch vor sich einige Gegenstände hin, die er im Wald gesammelt hat. Die Anzahl der Gegenstände richtet sich dabei nach dem Alter und der Merkfähigkeit der Kinder.
Die Kinder betrachten die Gegenstände des Lehrers sehr genau, können diese allenfalls auch benennen und merken sie sich. Anschließend deckt der Lehrer diese Gegenstände mit dem zweiten Tuch zu.

Nun haben die Kinder fünf Minuten Zeit, um dieselben Gegenstände im Wald zu finden und vor sich hinzulegen.
Es folgen weitere Durchgänge, bei denen jeweils ein Kind eine Vorlage gestalten kann.

HINWEIS

Da es hier nicht um Gewinner und Verlierer geht, dürfen die Kinder sich durchaus gegenseitig bei der Beschaffung der Gegenstände helfen.
Diese Memory®-Variante kann auch in der Schule gespielt werden, indem die Kinder Schulutensilien, wie Schreibgeräte, Hefte, Bücher, Hausschuhe usw., verwenden.

Eine Feder wandert von Hand zu Hand

MATERIALIEN

eine Vogelfeder

DURCHFÜHRUNG

Die Kinder setzen sich in den Stuhlkreis und achten dabei auf eine aufrechte Sitzhaltung und guten Kontakt der Fußsohlen zum Boden.
Das Kind neben dem Lehrer legt die geöffneten Hände in Brusthöhe so aneinander, dass sich die Handinnenkanten berühren. Der Lehrer nimmt eine Vogelfeder und legt sie wortlos so behutsam wie möglich in die geöffneten Hände des Kindes. Dieses nimmt die Feder dann in die Hand und gibt sie dem nächsten Kind weiter, das schon mit geöffneten Händen wartet.

HINWEIS

Wenn die Kinder mit dieser Übung vertraut sind und vor allem die sanften Berührungen der Feder an Fingern bzw. Handinnenflächen schon kennen, kann diese achtsame Wahrnehmungsübung auch mit geschlossenen Augen durchgeführt werden. Dazu ist es wichtig, dass alle Kinder schon zu Beginn der Übung die Hände in einer empfangenden Haltung geöffnet haben. Wenn ein Kind die Feder erhalten hat, darf es die Augen öffnen, die Feder achtsam betrachten und behutsam dem nächsten Kind weitergeben.

Bei der nun längeren Wartezeit ist es ratsam, die geöffneten Hände auf die Oberschenkel zu legen und dadurch die Oberarmmuskultur zu entlasten.

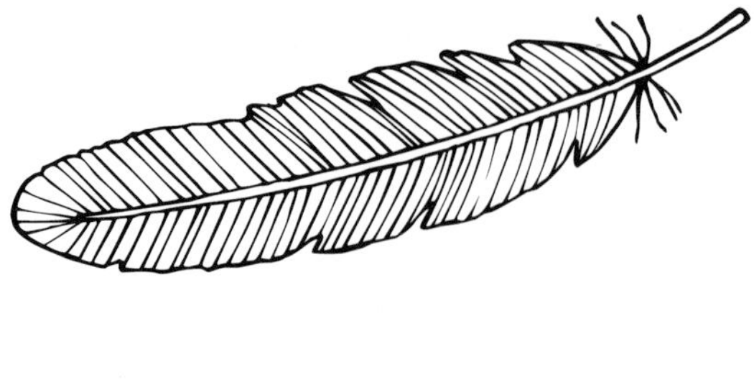

Über BEWEGUNG zur RUHE kommen

Über Bewegung zur Ruhe kommen

Wenn Kinder in der Schule etwas begreifen oder verstehen sollen, dann kommt allein schon in diesen Worten zum Ausdruck, dass das Lernen immer mit dem ganzen Körper zu tun hat. Es braucht den ganzen Körper zum Lernern, nicht nur den Kopf. Gerade durch Bewegung werden neue Informationen in unseren neuronalen Netzwerken verankert und gefestigt. Also sollen auch die vielfältigen Bewegungsmöglichkeiten des Körpers in ein ganzheitliches Leben und Lernen in der Schule eingebunden sein.

So wichtig die Ruhe und Stille im Klassenzimmer für die Lernatmosphäre sind, so wichtig sind auch regelmäßige Übungen und Spiele für zwischendurch, die dem großen Bewegungsbedürfnis der Kinder Rechnung tragen. Wenn ein Kind nach einer längeren Arbeitszeit nicht mehr ruhig sitzen kann oder mag, dann braucht es eine Bewegungspause zur Stärkung der Aufmerksamkeit und Konzentration.

Die Kinder können sich dabei bewegen und erleben ihren Körper im Wechselspiel von Anspannung und Entspannung. Kinder sollen ihren Körper bewusst wahrnehmen und in Kontakt mit ihrem Körper kommen. So können sie die Möglichkeiten und auch Grenzen ihres Körpers erfahren. Durch die Bewegung können sich verspannte Muskeln lösen und wir finden zur Entspannung.

Bei vielen Übungen wird auch der Humor nicht zu kurz kommen, sodass immer wieder kräftig gelacht werden kann. Das Lachen aktiviert eine Vielzahl von Muskeln und ist ein ausgezeichnetes Mittel zur Entspannung verspannter Muskulatur und man fühlt sich danach erfrischt und energiegeladen. Allein schon deshalb spielt es eine große Rolle bei der Förderung von Aufmerksamkeit und Konzentration und bereitet den Boden für achtsames Wahrnehmen.

DIE BEWEGUNGSKARTE

Zur Berücksichtigung des Bewegungsbedürfnisses der Kinder und zur Einplanung von Bewegungspausen habe ich eine Unterrichtskarte mit dem Wort „Bewegung" und einem entsprechenden Bild eingeführt (siehe Material-Download auf S. 104). Wenn ich zu Beginn des Unterrichts wahrnehme, dass es einem Kind an diesem Tag besonders schwer fällt, ruhig zu sein, lege ich ihm diese Karte auf den Tisch. Es ist dann unser „Bewegungs-Melder". Wenn es Bewegung braucht, kann es diese Karte als nonverbalen Impuls für mich hochheben und wir können eine Bewegungspause machen.

Ich sitze im Grünen

MATERIALIEN

keine

DURCHFÜHRUNG

Die Kinder sitzen mit dem Lehrer im Stuhlkreis, wobei ein zusätzlicher, leerer Stuhl im Kreis steht. Dieses ist der „Platz im Grünen", der zu besetzen ist.
Das Kind, das sich auf den leeren Platz gesetzt hat, sagt: *„Ich sitze …"*.
Das nächste Kind rückt nach und sagt: *„… im Grünen …"*.
Nun ist das dritte Kind an der Reihe und sagt: *„… neben …"*.
Es nennt den Namen eines Kindes und wünscht sich dieses Kind als Nachbarn an den freien Platz und das Spiel geht wieder von vorn los.

VARIANTE

Wenn die Kinder das Spiel schon gut beherrschen und oft gespielt haben, kann mit der Sprache variiert werden. So können etwa alle Worte nur mit ein und demselben Vokal gesprochen werden: *„Ach satza am Granan naban …"*, was einer zusätzlichen Aufmerksamkeit bedarf.

HINWEIS

Besonders empfehlenswert ist es in neuen Gruppen bzw. Klassen, wenn sich die Kinder noch nicht beim Namen kennen. Durch dieses Spiel werden sie sich die Namen rasch merken können.
Für das Wünschen von Kindern auf den leeren Platz gilt folgende Regel: Es dürfen nicht die unmittelbar links oder rechts sitzenden Kinder sein, da es sonst nicht funktioniert.
Es kann sein, dass manche Kinder bevorzugt behandelt und immer wieder auf freie Plätze gewünscht werden, während andere nur tatenlos dasitzen. Dem kann Abhilfe geschaffen werden, indem alle Kinder aufzeigen, die noch nicht an der Reihe gewesen sind.

Auf, lauf!

MATERIALIEN

keine

DURCHFÜHRUNG

Alle stehen in Paaren hintereinander in einem großen Kreis. Zwischen den Paaren braucht es genügend Platz zum Durchrennen. Wenn es zahlenmäßig nicht aufgeht, kann auch einer allein stehen.
Ein Jäger und ein Gejagter werden bestimmt. Der Jäger versucht, den Gejagten zu erwischen, der sich in Sicherheit bringen kann, indem er sich vor ein Paar stellt.
In diesem Augenblick wendet sich das Blatt, denn der zuhinterst Stehende wird nun zum neuen Jäger; der bisherige Jäger wird dadurch zum neuen Gejagten und muss schleunigst wegrennen und sich in Sicherheit bringen.

HINWEIS

Ein großer Vorzug dieser Variante liegt darin begründet, dass es nicht eines der üblichen Spiele ist, bei denen immer die schnellsten Kinder gewinnen und immer dieselben in der Rolle des Verlierers bleiben. Wer taktisch vorgeht und mitdenkt, kann sich durch schnelles Reagieren gleich wieder in Sicherheit bringen, nachdem er zum Gejagten geworden ist, indem er sich an einen sicheren Platz vor einem Kind im Kreis stellt.

VARIANTE

Es kann zwischen dem Rollenwechsel eine kleine Pause eingelegt werden, indem der Jäger immer zuerst eine lustige Bewegung macht bzw. ein besonderes Geräusch von sich gibt, bevor er losrennen und den anderen fangen darf. Dabei kann es durchaus sein, dass sich der Gejagte zwischenzeitlich in Sicherheit gebracht hat und schon wieder ein neuer Jäger im Spiel ist, was dann zu sehr komischen Situationen führt.

Rette mich, wer kann!

MATERIALIEN

Eine CD mit passender Bewegungsmusik oder ein Musikinstrument, das vom Lehrer gespielt wird.

DURCHFÜHRUNG

Jedes Kind erhält eine Farbe, sodass – je nach Anzahl der Kinder – vier bis sechs Farbgruppen entstehen. Dabei muss sich jeder seine Farbe gut merken, da die Farben nur ausgemacht, aber nicht sichtbar sind.

Die Kinder bewegen sich zur Musik frei durch den Raum. Plötzlich stoppt die Musik und der Lehrer ruft eine Farbe. Alle Kinder mit der betreffenden Farbe lassen sich in Zeitlupe und mit einem tiefen Seufzer zu Boden sinken.
Die anderen Kinder schauen gut und passen auf, wen sie retten können.

Dabei ist es ausreichend, wenn sie ein langsam zu Boden sinkendes Kind berühren, damit sich dieses wieder aufrichten kann.
Dann geht es mit Musik weiter und eine andere Farbe ist dran.

HINWEIS

Wenn die Farben zugeteilt werden, ergeben sich Gruppen gleicher Größe. Spannend ist es, wenn sich die Kinder selber ihre Farben aussuchen – wobei da verbindlich vier bis sechs Farben zur Auswahl gegeben werden – und sie nicht voneinander wissen, wer welche Farbe hat.

Außerdem ist es sinnvoll, die Spielfläche zu begrenzen, damit die Reaktionswege der Kinder zueinander nicht zu groß sind und sie sich auch tatsächlich gegenseitig retten können.
Normalerweise achtet ja jeder auf sich, hier wird das Ganze auf den Kopf gestellt und das Aufeinander-Achten wird eingeübt.

Lichtergang

MATERIALIEN

Astscheiben, Schneckenhäuser oder Flusssteine (im Advent bieten sich zurechtgeschnittene Äste von Tannenzweigen an); Windlichter für die Kinder und ein Windlicht für die Mitte; eine große, flache Schale mit Sand (zum Schutz des Bodens vor Wachstropfen)

VORBEREITUNG

Die Tannenzweige oder anderen Materialien werden von der Mitte aus in Spiralform zum Rand hin ausgelegt. Dabei ist darauf zu achten, dass die einzelnen Windungen der Spirale einen Abstand von etwa einem halben Meter zueinander haben, damit genügend Platz zum sicheren Durchgehen bleibt. In die Mitte wird ein Windlicht in eine große, mit Sand gefüllte Schale gestellt und angezündet.

TIPP

Sie können die Spirale auch gemeinsam mit einer Kleingruppe vorbereiten.

DURCHFÜHRUNG

Die Kinder sitzen oder stehen mit einem Windlicht in der Hand im Kreis um die Spirale herum. Der Lehrer beginnt und zeigt den Kindern somit den richtigen Ablauf. Er geht mit langsamen Schritten den Weg nach innen, entzündet sein eigenes Windlicht und geht wiederum behutsam dem Spiralweg entlang bis an seinen Platz zurück.
Nun kommt das nächste Kind im Uhrzeigersinn an die Reihe, bis alle ein Licht in den Händen tragen.

HINWEIS

Grundsätzlich herrscht während des Lichtergangs im abgedunkelten Raum Stille.
So können die Kinder bewusst wahrnehmen, wie das Kerzenlicht den Außenkreis immer heller macht.
Während des Lichterganges oder auch im Anschluss daran kann auch ein Lied gesungen werden, z. B. *„Tragt in die Welt nun ein Licht"*.

Hep!

MATERIALIEN

keine

DURCHFÜHRUNG

Alle Kinder und der Lehrer stellen sich im Kreis auf.
Der Lehrer dreht sich mit einem Ausfallschritt zu seinem Nachbarn, ruft mit fester Bauchstimme laut „Hep!" und klatscht dazu in die Hände. Wichtig ist, dass dies mit richtig kräftiger Stimme geschieht, damit überschüssige Energie rausgelassen werden kann. Das *„Hep!"* wandert dann wie ein Ball im Kreis weiter.

Weitere Elemente:

- *„Splong!"* – die Arme hochreißen und das *„Hep!"* abprallen lassen, dabei *„Splong!"* rufen; das *„Hep!"* ändert die Richtung
- *„Shiva!"* – man faltet die Hände, zeigt auf einen beliebigen Mitspieler im Kreis und schickt das *„Hep!"* so zu ihm
- *„Slack"* – das *„Hep!"* wird mit einer Handbewegung des Werfens in die Mitte des Kreises geworfen
- *„Got it!"* – einer aus der Gruppe hebt das *„Hep!"* mit einer Handbewegung des Nehmens aus der Mitte auf und schickt es wieder weiter

HINWEIS

Es empfiehlt sich, zuerst nur den Durchgang mit *„Hep!"* im und gegen den Uhrzeigersinn einzuführen, bis sich alle dabei sicher fühlen und es gut läuft. Jedes weitere Element soll erst eingeführt werden, nachdem die bisher gelernten schon sicher sitzen. Das Lernen dieser Übung kann sich über einen längeren Zeitraum erstrecken, z. B. indem wöchentlich ein Element dazukommt.

Das ist mein Ohr

MATERIALIEN

keine

DURCHFÜHRUNG

Die Kinder und der Lehrer stehen im Kreis.
Der Lehrer berührt seine Nase und behauptet mit übertrieben sicherer Stimme:
„Das ist mein Ohr!"
Das nächste Kind berührt sein Ohr und behauptet ebenso theatralisch:
„Das ist mein Po!"
Das folgende Kind schlägt sich auf den Po und behauptet: *„Das ist mein Knie!"*
Es geht immer so weiter, bis sich das erste Kind durch diesen Wirrwarr aus der Ruhe bringen lassen hat – dann wird einfach wieder neu gestartet.

HINWEIS

Es kann im Vorhinein eine Spieldauer vereinbart werden oder auch eine Anzahl an „Stolperern", nach denen das Spiel beendet wird.

Zipp-Zapp

MATERIALIEN

ein Ball

DURCHFÜHRUNG

Die Kinder sitzen im Kreis, der Lehrer steht mit einem Ball in der Mitte.
Er wirft den Ball einem Kind zu und ruft dabei: *„Zipp"*, *„Zapp"* oder *„Zipp-Zapp"*.
Bei *„Zipp"* nennt das Kind den Namen des linken Nachbarn und bei *„Zapp"* jenen des rechten Nachbarn.
Bei *„Zipp-Zapp"* wechseln alle die Plätze, das Kind mit dem Ball stellt sich in die Mitte und es beginnt wieder von vorn.
Nennt ein Kind einen falschen Namen oder dauert es zu lange, bis ihm der Name einfällt, so wechselt dieses Kind ebenso in die Mitte.

HINWEIS

Dieses Spiel eignet sich besonders gut als Kennenlernspiel und zum Lernen der Namen der Mitschüler oder Gruppenmitglieder.

Atemübung „Fassen – lassen – ruhen"

MATERIALIEN

keine

DURCHFÜHRUNG

Alle stehen im Kreis oder im Raum verteilt. Es ist darauf zu achten, dass jeder genügend Bewegungsraum für die seitlich ausgestreckten Arme hat, also weder den Nachbarn noch irgendwelche Einrichtungsgegenstände oder Wände berührt.

Zu Beginn stehen alle mit locker hängenden Armen da, die Handflächen sind nach außen gewendet. Jeder beobachtet seinen Atem und kommt in Kontakt mit seinem eigenen Atemrhythmus.

Fassen: Einatmend werden die Arme seitwärts gestreckt bis nach oben geführt, sodass sich die Handflächen über dem Kopf berühren.

Lassen: Dann werden die Handfläche nach außen gedreht und ausatmend werden die Arme wieder seitwärts gestreckt nach unten geführt.

Ruhen: Es folgt eine kurze Atempause, bevor die Übung im Dreischritt von Fassen, Lassen und Ruhen wieder von vorn beginnt.

HINWEIS

Bei allen Übungen in Verbindung mit der Wahrnehmung des Atems ist darauf zu achten, dass der Atem nur beobachtet, nicht aber beeinflusst wird.

45

Atembewegung

MATERIALIEN

keine

VORBEREITUNG

Die Kinder stehen frei verteilt hüftbreit stehend im Raum, sodass jedes ausreichend Platz hat, um die ausgestreckten Arme seitwärts nach oben führen zu können, ohne Möbel, Wände oder andere Kinder zu berühren.

DURCHFÜHRUNG

Zu Beginn kommen Kinder und der Lehrer in Kontakt mit ihrem eigenen Atemrhythmus. Sie legen dazu die Handflächen auf die Bauchdecke, um den eigenen Ein- und Ausatem deutlicher zu spüren.
Anschließend werden die Handflächen vor der Brust gefaltet aneinandergelegt. Parallel zum nächsten Einatem lösen sich die Handflächen voneinander, die Arme werden zur Seite und gestreckt in einem großen Kreis nach oben geführt. Zum Ende des Einatmens berühren sich die Handflächen über dem Kopf wieder und die gefalteten Hände werden ausatmend vor der Stirn bis zur Brust geführt. Dort wird die kurze Atempause wahrgenommen, bevor der Körper ganz von selber wieder einatmet, und der Bewegungsablauf beginnt wieder von vorn.

Da mit der Zeit jeder sein eigenes Bewegungstempo haben wird, erfolgt zum Ende der Übung hin die Aufforderung, dass jeder den gesamten Bewegungszyklus noch 3-mal durchführen und dann die Hände vor der Brust gefaltet ruhen lassen soll. Wenn alle zur Ruhe gekommen sind, werden die Handflächen behutsam voneinander gelöst und die Arme locker seitwärts hängen gelassen. Es folgen einige Augenblicke des Nachspürens und Wahrnehmens der Körperempfindungen, bevor sich alle wieder mit einem bewussten, tiefen Atemzug von der Übung lösen.

HINWEIS

Bei allen Übungen in Verbindung mit der Wahrnehmung des Atems ist darauf zu achten, dass der Atem nur beobachtet, nicht aber beeinflusst wird.

Chinesische Baumübung

MATERIALIEN

keine

DURCHFÜHRUNG

Die Kinder stehen frei verteilt hüftbreit stehend im Raum, sodass jedes ausreichend Platz hat, um die ausgestreckten Arme seitwärts nach oben führen zu können, ohne Möbel, Wände oder andere Kinder zu berühren.

Zu Beginn kommen Kinder und der Lehrer in Kontakt mit ihrem eigenen Atemrhythmus. Sie können einfach das Ein und Aus des Atems beobachten oder die Handflächen auf die Bauchdecke legen und so in Kontakt mit dem eigenen Atem kommen.
Die Bewegungsabfolge beginnt mit seitlich locker hängenden Armen.

Parallel zum nächsten Atemzug wird der rechte Arm gestreckt mit dem Einatem vor dem Oberkörper vorbei im Uhrzeigersinn nach oben geführt und mit dem Ausatem seitwärts wieder nach unten. Es folgt eine kurze Atempause. Dann wird derselbe Bewegungsablauf mit dem linken Arm im Gegenuhrzeigersinn ausgeführt. Nach einer weiteren kurzen Atem- und folglich auch Bewegungspause folgt der dritte Schritt, bei dem beide Arme gleichzeitig gegengleich im Rhythmus des Atems bewegt werden.

Nach einigen Durchgängen des gesamten Bewegungszyklus von rechtem Arm, linkem Arm und beiden Armen bleiben die Arme wieder locker seitwärts hängen. Es folgen einige Augenblicke des Nachspürens und Wahrnehmens der Körperempfindungen, bevor sich alle wieder mit einem bewussten, tiefen Atemzug von der Übung lösen.

HINWEIS

Es ist darauf zu achten und immer wieder daran zu erinnern, dass der eigene Atemrhythmus das Tempo für die achtsame Bewegung der Arme vorgibt. Es soll so sein, dass die Bewegungen der Arme sozusagen den Atem begleiten und nicht umgekehrt. Die Kinder sollen auch wissen, dass Erwachsene weniger Atemzüge pro Minute machen und sie deshalb ein anderes Bewegungstempo als der Lehrer haben.

Rhythmus-Spiel

MATERIALIEN

keine

DURCHFÜHRUNG

Die Kinder und der Lehrer sitzen im Kreis. Im Klassenraum kann das auf Stühlen sein, im Turnsaal auf im Quadrat aufgestellten Langbänken oder auf dem Boden.
Der Lehrer beginnt mit einer sanften Bewegung – z. B. dem Reiben der Handflächen aufeinander.
Diese Bewegung setzt sich dann im Kreis von einem zum anderen Kind fort, bis sie wieder beim Lehrer ankommt.
Daraufhin macht dieser ein neues rhythmisches Geräusch in Verbindung mit einer Bewegung – z. B. Schnipsen, Klatschen, auf die Schenkel klopfen oder auf den Boden stampfen.

HINWEIS

Grundsätzlich ist bei diesem Spiel darauf zu achten, dass nicht geredet wird.
Bei den rhythmischen Bewegungen ist wichtig, dass sie sowohl in der Lautstärke als auch in der Geschwindigkeit sukzessive ansteigen und dann wieder abnehmen, bis sie zum Schluss ganz aufhören und Stille herrscht.

Wer hat die Kekse aus der Dose geklaut?

MATERIALIEN

eine Dose mit Bildkarten je nach Anzahl der Kinder mit identischen Motiven (z. B. eine Blume), davon 1 bis 2 Karten mit einem Keks als Motiv.

DURCHFÜHRUNG

Die Kinder sitzen im Stuhlkreis. Der Lehrer geht mit der Dose reihum, jedes Kind nimmt eine Karte heraus, schaut sie kurz an, achtet dabei darauf, dass keiner aus dem Kreis das Motiv sieht, und legt die Karte mit der Bildseite nach unten unter seinen Stuhl.

Alle beginnen, rhythmisch zu klatschen – abwechselnd auf die Oberschenkel und in die Hände. Wenn sich alle in den Rhythmus eingefunden haben, beginnt der Lehrer – passend zum Klatschrhythmus – zu fragen: *„Wer hat die Kekse aus der Dose geklaut?"* und lädt die Kinder nonverbal dazu ein, beim nächsten Mal mitzusprechen. Dann nennt der Lehrer – immer im Rhythmus von Klatschen und Patschen – ein Kind und behauptet: *„Jonas hat die Kekse aus der Dose geklaut!"*

Das angesprochene Kind erwidert: *„Wer, ich?"* und alle antworten: *„Ja, du!"*
Wenn das Kind keine Karte mit Keks-Motiv hat, antwortet es: *„Niemals!"* und der Ablauf beginnt wieder von vorn, wobei dieses Kind nun fragen und einen anderen Namen nennen darf.
Hat es allerdings eine Karte mit Keks-Motiv, antwortet es mit: *„Ja, ich!"* und das Spiel ist zu Ende bzw. ein weiterer Durchgang mit neu gemischten Karten kann folgen.

Hab acht auf den Ballon!

MATERIALIEN

ein aufgeblasener Luftballon

DURCHFÜHRUNG

Die Kinder stehen auf fixen Plätzen im Raum verteilt, wobei der Abstand zwischen den Kindern jeweils zwei Armlängen beträgt.

Der Lehrer wirft den Ballon in die Luft. Aufgabe der Kinder ist es nun, rechtzeitig zu reagieren und den sinkenden Ballon mit der Handfläche bzw. dem Handrücken wieder nach oben zu befördern. Er soll immer in der Luft bleiben, also keinen Bodenkontakt haben.
Außerdem haben vor allem die am Rand stehenden Kinder darauf zu achten, dass der Ballon nicht einfach blindlings in irgendeine Richtung geschossen wird, sondern sich immer über den Kindern befindet.

Es gibt zwei Bewegungsvarianten: Entweder stehen die Kinder mit ihren Fußsohlen wie festgeklebt auf dem Boden oder sie dürfen sich auf ihrem Platz auch drehen.

HINWEIS

Zur Abwechslung können unterschiedliche Aufgabenstellungen eingebaut werden. So kann die Regel gelten, dass jedes Kind nur einmal drankommen darf und dann die Arme verschränkt.

Es ist auch möglich, dass ein Kind den Ballon nach oben wirft und den Namen des Kindes nennt, zu dem der Ballon auf schnellstem Weg kommen soll. Wenn der Ballon sein Ziel erreicht hat, ruft das betreffende Kind einen neuen Namen.

Do-in-Massage

MATERIALIEN

keine

DURCHFÜHRUNG

Für diese aktivierende Selbstmassage stellen sich die Kinder vor ihren Stühlen oder frei verteilt in einer leichten Grätschstellung im Raum auf.
Mit locker aus dem Handgelenk fallenden Fäusten beklopfen die Kinder ihren Körper von Kopf bis Fuß.

Diese Massage beginnt bei der Schädeldecke, wandert über die Stirn und das Gesicht zum Bereich von Hals und Nacken (Achtung: Gesicht, Hals und Nacken nur mit den Fingerkuppen beklopfen!), die linke Schulter vom Schlüsselbein über das Schlüsselgelenk bis zum Schulterblatt und dann den rechten Schulterbereich. Beim linken Arm beginnend, werden die Arme insgesamt 3-mal an der Armaußenseite vom Schultergelenk bis zum Handrücken beklopft und an der Arminnenseite von der Handfläche bis zur Achselhöhle hoch. Über den Bereich von Brustbein und Brustkorb geht es zum Bauch und unteren Rücken. Hier werden die Kinder zum behutsamen Klopfen angeleitet, da dort der Sitz wertvoller Organe ist. Dafür dürfen sie dann mit umso mehr Schwung das Gesäß beklopfen.

Die Beine werden wie die Arme, 3-mal von der Hüfte beginnend an der Beinaußenseite bis zum Fußgelenk und an der Beininnenseite wieder hoch beklopft. Abschließend setzen sich die Kinder auf einen Stuhl oder Tisch und beklopfen noch den linken und den rechten Fuß. Zum Schluss werden Hände, Arme und Beine locker ausgeschüttelt.

HINWEIS

Wenn den Kindern der Ablauf vertraut ist, bedarf es bei weiteren Wiederholungen dieser Übung keiner Worte mehr und es ist ausreichend, wenn sich die Kinder am ebenso mitmachenden Lehrer bezüglich des Ablaufs orientieren können.

Begrüßungsvariation

MATERIALIEN

Gitarre oder CD-Player

DURCHFÜHRUNG

Das Spiel kann grundsätzlich in jedem Raum und auch im Freien durchgeführt werden, wobei genügend Bewegungsraum von Vorteil ist.

Alle bewegen sich zur Musik in langsamem bis normalem Gehtempo. Wenn die Musik stoppt, bleiben alle stehen. Der Lehrer nennt eine spezielle Begrüßungsweise und alle begrüßen sich auf die genannte Art – z. B. die Hand geben, am Ohrläppchen ziehen, die Nasenspitze mit dem Zeigefinger sanft berühren, sich voreinander verneigen, sich mit Knie oder Ellenbogen berühren usw.

HINWEIS

Wenn die Kinder mit diesem Spiel vertraut sind, können sie die Rolle des Lehrers übernehmen und sowohl ein Instrument bzw. den CD-Player bedienen als auch eine Begrüßungsvariante anleiten oder nonverbal vorstellen.

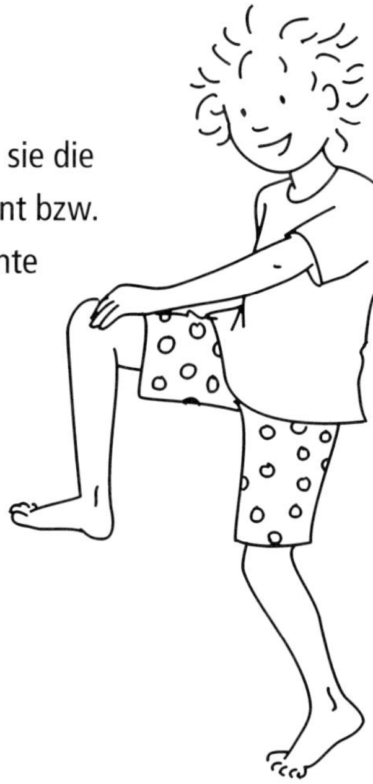

52 Busfahrt

MATERIALIEN

In zwei Sitzreihen hintereinander aufgestellte Stühle wie in einem Bus, vorn ein einzelner Platz für den Busfahrer.

DURCHFÜHRUNG

Der Busfahrer und zwei Kinder sitzen im imaginären Bus und fahren durch die Gegend. Der Fahrer macht ein entsprechendes Fahrgeräusch und bewegt den Oberkörper bei den Kurven leicht hin und her, die Fahrgäste machen selbstverständlich mit. Plötzlich winkt jemand am Straßenrand. Der Bus bleibt – durch ein entsprechendes Geräusch untermalt – stehen, die imaginäre Tür öffnet sich und der neue Fahrgast steigt ein.

Er bringt seine Befindlichkeit klar zum Ausdruck – z. B. durch fröhliches Pfeifen, trauriges Weinen, zufriedenes Summen, rhythmisches Klatschen, erschöpftes Seufzen usw. – und alle Fahrgäste machen mit, bis der Bus erneut stehen bleibt und einen weiteren Mitfahrer aufnimmt.

Tischtennisball blasen

MATERIALIEN

ein oder mehrere Tischtennisbälle – je nach Anzahl der Gruppen

DURCHFÜHRUNG

Die Kinder liegen im Kreis auf dem Bauch bzw. sitzen um einen Tisch herum. In der Mitte liegt ein Tischtennisball. Die Hände liegen flach aufeinander, das Kinn ist auf den oberen Handrücken gestützt. Die Arme liegen flach seitlich auf dem Boden bzw. der Tischfläche auf und bilden eine Begrenzung für den Ball, dabei berühren sich die Ellenbogen der Mitspieler.

Auf das Kommando des Lehrers hin wird der Ball durch Blasen von einem Kind zum anderen kreuz und quer in Bewegung gesetzt. Dabei achten die Kinder darauf, dass das Kinn immer auf dem Handrücken liegt und der Kopf nicht angehoben wird. Der Ball kann entweder mit einem festen Luftstoß von einer Seite zur gegenüberliegenden oder mit einem leichteren Luftstoß seitwärts geblasen werden.

HINWEIS

Besonders wirkungsvoll ist die Variante im Liegen auf dem Boden. Dadurch, dass die Kinder auf dem Bauch liegen, kann sich der Brustkorb beim Atmen nicht so stark bewegen. Das führt automatisch zur richtigen Bauchatmung.

Anschleichspiel

MATERIALIEN

Augenbinde

DURCHFÜHRUNG

Alle Kinder stehen wie Indianer still und ruhig im Kreis, in der Mitte steht ein Kind mit einer Augenbinde.
Der Lehrer bestimmt per Handzeichen ein Kind aus dem Kreis, das sich auf leisen Sohlen – eben wie ein Indianer – an das Kind in der Mitte anschleichen und es sanft an der Schulter berühren soll.
Wenn das Kind in der Mitte ein Geräusch des sich anschleichenden Indianers hört, zeigt es in die Richtung, aus der es das Geräusch vernommen hat.
Wurde ein Indianer ertappt, stellt er sich wieder zurück in den Kreis und der Lehrer bestimmt einen anderen Indianer.
Schafft es ein Indianer bis zur Mitte, werden die Rollen gewechselt und der Indianer wird zum neuen Schatzwächter.

HINWEIS

Besonders reizvoll ist dieses Spiel im Wald, wenn man um den Schatzwächter herum am Boden einen Schutzkreis aus Ästen legt. Sich anschleichende Indianer haben dann darauf zu achten, dass keine Äste knacksen.

Eine weitere Variante besteht darin, dass das Kind in der Mitte sitzt und vor sich einen Schatz liegen hat, den es bewacht. Das sich anschleichende Kind versucht, diesen zu stehlen.

ACHTSAMKEIT mir selbst und ANDEREN gegenüber

Achtsamkeit mir selbst und anderen gegenüber

Die Kunst der Achtsamkeit lässt sich im Wahrnehmen und Tun gut einüben – es sind dies unmittelbare Zugänge zur gegenwärtigen Erfahrung im Hier und Jetzt. Etwas subtiler, da oft mit weniger Bewusstheit und Reflexion verbunden, ist der Bereich der Sprache, also was wir denken, wie wir reden und was wir uns vorstellen.
Unsere Gedanken, Worte und Vorstellungsbilder wirken auf uns selber und auf die Menschen um uns herum.
Wenn sich Kinder dieser Tatsache bewusst werden, erhalten sie damit ein wunderbares Werkzeug, wie sie sich selber und anderen etwas Gutes tun können. Es gibt Gedanken, Worte und Vorstellungsbilder, die uns und anderen Energie geben können und stärken.

In der Art und Weise, wie wir als Lehrer mit uns und anderen umgehen, also sowohl unsere eigenen Bedürfnisse und Empfindungen als auch die der anderen achtsam wahrnehmen, liegt eine enorme Kraft verborgen. Das ist eine Energie, die uns und andere stärken oder schwächen kann. Entsprechend authentisch können wir als Lehrer auch die Schüler dazu anleiten, die Wirkung von Gedanken, Worten und Vorstellungsbildern zu erfahren und für sich zu nutzen.
Um die Qualität des Lebens und Lernens in der Schule positiv zu verändern, lässt sich ein entsprechend konstruktiver Umgang mit Gedanken, Worten und Vorstellungsbildern einüben – mit der Absicht, dass diese zu einer immer verfügbaren Energiequelle werden können.

DER APFEL FÄLLT NICHT WEIT VOM STAMM

Als Lehrer, der im selben Ort wohnt, in dem er auch unterrichtet, kommt es immer wieder vor, dass ich die Eltern meiner Schüler etwas näher kenne. Da ist es manchmal faszinierend, zu erleben, wie mir in den Aussagen der Schüler letztlich deren Eltern begegnen – in der Art und Weise, wie sich die Kinder zu bestimmten Themen äußern, Bewertungen aussprechen oder Befürchtungen ausdrücken. Ich habe einmal die provokante Formulierung gehört: *„Wir müssen unsere Kinder nicht erziehen – sie machen uns eh alles nach!"* Wenn wir als Erwachsene uns unserer Vorbildwirkung bewusst sind, können wir die uns anvertrauten Kinder ein gutes Stück weit begleiten zu einem achtsamen und förderlichen Umgang mit Gedanken und Worten.

Achtsamkeit mir selbst und anderen gegenüber

HANDELN HAT KONSEQUENZEN

Üblicherweise hat diese Aussage einen negativen Beigeschmack im Sinne von: *„Wenn du nicht … , dann …!“* Doch es geht auch umgekehrt. In unserem alltäglichen Leben praktizieren wir diesen Zusammenhang von Handlungen und Konsequenzen im Sinne von Ergebnissen eh schon, allerdings zumeist unbewusst und unreflektiert: Wer Hunger hat, isst etwas – mit der Konsequenz, also dem Ergebnis, dass er dann satt ist. Wenn es in einem Raum dunkel ist, schaltet man das Licht an – mit dem Ergebnis, dass es hell ist usw. Tatsache ist, dass alle Handlungen Konsequenzen haben. Kinder müssen wissen, dass das eigene Denken, Sprechen und Handeln immer Auswirkungen auf sie selber und andere hat. Wenn sich Kinder dieses Zusammenhangs bewusst sind, können sie diese Erkenntnis auch gewinnbringend für ein gelingendes Leben einsetzen und entwickeln so unter anderem Selbstkompetenz für die Bewältigung anstehender Aufgaben.

Wenn die eigenen Bedürfnisse und die der anderen besser, eben achtsamer wahrgenommen werden, kann darauf im Sinne des Grundsatzes von „Handeln hat Konsequenzen“ adäquater reagiert werden. Es werden weniger automatische Reaktionen folgen, sondern die Aktionen können bewusst überlegt und eigenverantwortlich gesetzt werden.

Wer beispielsweise wahrnimmt, dass er vor einer Prüfung aufgeregt und nervös ist, wird sich nicht selber noch mehr aufreiben und aus der Ruhe bringen. Er kann eine Entspannungsübung machen mit der Konsequenz, dass er die Aufgaben ruhiger und konzentrierter lösen wird.

Wer liebevoll und achtsam mit anderen spricht und seine Wortwahl überlegt, wird die Erfahrung machen, dass das nicht nur den anderen, sondern auch einem selber guttut.

Wer weiß, dass die eigenen Gedanken Vorstellungsbilder produzieren, die entsprechend wirken, kann die Kraft dieser Bilder zu seinem eigenen Vorteil als Hilfe in schwierigen, herausfordernden und anspruchsvollen Situationen nutzen.
Es ist ein faszinierendes Übungsfeld, für dessen Auswirkungen gerade Kinder sehr empfänglich und offen sind.

Eine Zitrone

MATERIALIEN

keine

DURCHFÜHRUNG

Die Kinder sitzen in aufrechter Haltung oder im „stillen Häuschen" auf einem Stuhl. Dabei haben die Fußsohlen mit der ganzen Fläche Kontakt zum Boden und die Atembewegung wird bei geschlossenen Augen an den Nasenöffnungen bzw. an der Bauchdecke beobachtet.

Wenn alle Kinder zur Ruhe gekommen sind, beginnt der Lehrer, durch seine Anweisungen entsprechende Vorstellungsbilder in den Köpfen der Kinder hervorzurufen:
„Stelle dir vor, dass auf dem Tisch vor dir ein weißer Teller steht. Auf dem Teller liegt eine Zitrone mit kräftig gelber Schale, daneben liegt ein scharfes Messer. Stelle dir vor nun, wie du die Zitrone in die Hand nimmst und ihre Form und die Unebenheit der Schale spürst. Stelle dir vor, wie du an der Zitrone riechst und sie dann wieder auf den Teller legst.
Stelle dir jetzt vor, wie du die Zitrone mit der einen Hand festhältst und das Messer in die andere Hand nimmst. Stelle dir vor, wie du die Zitrone langsam in vier Teile schneidest und du den Saft siehst, der aus der Zitrone auf den Teller rinnt.
Stelle dir vor, wie du eine Zitronenspalte in die Hand nimmst und kräftig reinbeißt. Atme jetzt tief ein und aus, öffne deine Augen, dehne und räkle dich. Wenn du magst, kannst du aufzeigen und mir sagen, was du wahrgenommen und gespürt hast."

HINWEIS

Obwohl sich die Kinder die Zitrone nur vorstellen, also quasi einbilden, werden sie körperliche Reaktionen, wie Speichelfluss, erleben und so erfahren, welche Kraft Vorstellungsbilder haben.

Der rosarote Elefant

MATERIALIEN

keine

DURCHFÜHRUNG

Die Kinder sitzen in aufrechter Haltung oder im „stillen Häuschen" auf einem Stuhl. Dabei haben die Fußsohlen mit der ganzen Fläche Kontakt zum Boden und die Atembewegung wird bei geschlossenen Augen an den Nasenöffnungen bzw. an der Bauchdecke beobachtet.

Wenn alle Kinder zur Ruhe gekommen sind, beginnt der Lehrer, durch seine Anweisungen entsprechende Vorstellungsbilder in den Köpfen der Kinder hervorzurufen:
„Stelle dir vor, wie du in den Zoo gehst und den direkten Weg zum Gehege der Elefanten nimmst.
Du siehst dort fünf große, graue Elefanten.
Stelle dir bitte nicht vor, dass ein kleiner, rosaroter Elefant neben den großen Elefanten steht.
Und stelle dir auch nicht vor, dass der kleine, rosarote Elefant seinen rosaroten Rüssel hin und her schwingt.
Atme jetzt tief ein und aus, öffne deine Augen, dehne und räkle dich. Wenn du magst, kannst du aufzeigen und mir sagen, was du in deiner Vorstellung gesehen hast."

HINWEIS

So unermesslich groß die Möglichkeiten unseres Gehirns auch sein mögen, mit dem Wörtchen **„nicht"** tut sich unser Verstand schwer – er kann sich tatsächlich etwas nicht **nicht** vorstellen. Alles Mögliche ist vorstellbar und es gibt immer auch ein entsprechendes Vorstellungsbild dazu, aber wie soll sich unser Verstand etwas vorstellen können, das nicht existiert? Der Fokus unserer Aufmerksamkeit wird immer auf der Sache liegen, die wir zumindest mit unseren Worten negieren. Im Falle dieses Experimentes wird es niemandem gelingen, **keinen** rosaroten Elefanten zu sehen.

Wenn das Wörtchen „nicht" nicht wär …

MATERIALIEN

Papier und Schreibzeug

VORBEMERKUNG

Wenn Kinder durch die Übung mit der Zitrone für die Wirkung von Vorstellungsbildern sensibilisiert worden sind und durch die Übung mit dem rosaroten Elefanten dafür, dass wir uns etwas nicht nicht vorstellen können und immer genau diese Sache oder Eigenschaft ins Zentrum unserer Aufmerksamkeit gelangen wird, können sie nun zu Sprachforschern werden. Es geht darum, negierende alltägliche Aussagen zu entdecken und konstruktive, positive Formulierungen zu finden, die letztlich das ausdrücken, was man wirklich erreichen möchte.

DURCHFÜHRUNG

Als Anregung seien ein paar Aussagen angeführt, die aus der alltäglichen Umgangssprache bekannt sind, und darauf folgend jeweils eine mögliche konstruktive, zielgerichtete Formulierung:

Pass auf, dass du nicht runterfällst!
Pass auf, dass du dich gut festhältst!

Ich möchte nicht krank werden.
Ich werde gesund bleiben.

Seid bitte nicht so laut.
Seid bitte leise.

Rennt nicht so schnell durch den Gang!
Geht langsam durch den Gang!

Ich kämpfe gegen den Krieg.
Ich setze mich für den Frieden ein.

Nach ein paar Impulsen können die Kinder nun in Gruppen oder auch gemeinsam mit der ganzen Klasse ihre Forschertätigkeit weiter ausüben und tragfähige Formulierungen für ihren zukünftigen bewussten und achtsamen Sprachgebrauch finden.

Mein Platz der Freude

MATERIALIEN

ggf. Kopiervorlage „Mein Platz der Freude"
(Laden Sie sich die Vorlage unter www.verlagruhr.de/62472 herunter.)

VORBEMERKUNG

Viele Menschen umgeben sich gerne mit schönen, kleinen Dingen, die sie an bestimmte Orte oder Erlebnisse erinnern oder deren Anblick sie schlicht und einfach erfreut.

DURCHFÜHRUNG

Im Gespräch erörtert der Lehrer mit den Kindern, ob sie schon einmal beobachtet haben, welche persönlichen Gegenstände oder Erinnerungsstücke Erwachsene oft auf ihrem Schreibtisch stehen haben. Gemeinsam wird überlegt, warum sie diese Sachen wohl dort aufstellen und was sie bewirken.
Nun bekommen die Kinder die Gelegenheit, sich ihren eigenen Schreibtisch in der Klasse ein Stück weit persönlich zu gestalten. Mögliche Gegenstände für diesen „Platz der Freude" sind schöne Steine, kleine Kuscheltiere, Fotos, Glücksbringer, ein kleines Spielzeug usw.
Damit diese persönlichen Gegenstände einen entsprechenden Platz bekommen, gestalten die Kinder das kopierte Blatt „Mein Platz der Freude" farblich, oder malen selbst ein Blatt. Dieses kann anschließend der besseren Haltbarkeit wegen laminiert werden.

HINWEIS

Es mag den Einwand geben, dass die Kinder dann abgelenkt und folglich nicht aufmerksam sein werden. Wir können mit den Kindern besprechen, wie mit diesen Dingen umgegangen werden soll, und ihnen einfach den Vertrauensvorschuss geben, dass sie das in einer guten Art und Weise können werden – es wird funktionieren.

Entspannung vor einer Lernzielkontrolle

MATERIALIEN

keine

DURCHFÜHRUNG

Die Kinder sitzen in aufrechter Haltung oder im „stillen Häuschen" auf einem Stuhl. Dabei haben die Fußsohlen mit der ganzen Fläche Kontakt zum Boden und die Atembewegung wird bei geschlossenen Augen an den Nasenöffnungen bzw. an der Bauchdecke beobachtet.

Der Lehrer holt die Kinder im Hier und Jetzt ab und leitet sie zur Entspannung an:
„Nimm wahr, wie dein Körper den Stuhl berührt und wie die Füße fest auf dem Boden stehen … Beobachte deinen Atem, wie er kommt und geht, ganz allein, ganz von selber …
Spüre, wie dein Kopf frei wird und du klar denken kannst … Du kannst dich an alles erinnern, was du gelernt hast … Stelle dir vor, wie dir alle Antworten und Lösungen einfallen und du sie voller Selbstvertrauen aufschreibst … Nimm dieses positive Gefühl in dir wahr, bewahre es fest in deinem Herzen und komm mit einem tiefen Atemzug wieder bewusst an deinen Platz zurück …
Öffne deine Augen, recke und strecke dich und bewege dich so, wie es jetzt angenehm für dich ist … Und nun kannst du dich ganz entspannt an die Arbeit machen …"

HINWEIS

Ein Kind, das durch entsprechende Übung erfahren hat, wie real Vorstellungsbilder wirken und was sie auslösen, kann diese Gesetzmäßigkeit auch konstruktiv für sich selber anwenden. Alleine die Vorstellung, entspannt zu sein, konzentriert und ruhig zu arbeiten, wird sich positiv auf den Arbeitserfolg auswirken.

Wenn Kinder diese Übung schon kennen, ist es ausreichend, für einige Augenblicke der Stille zu sorgen, in denen sich die Kinder selber entspannen und sich vorstellen können, wie sie die Aufgaben sicher, locker und leicht lösen.

Sturm im Wasserglas

MATERIALIEN

ein Marmeladeglas mit Deckel, Vogelsand, Esslöffel, Wasser

DURCHFÜHRUNG

Die Kinder sitzen mit ihren Stühlen im Kreis, in der Mitte steht ein Tisch mit den Materialien. Der Tisch ist deshalb wichtig, damit alle Kinder das Glas auf Augenhöhe sehen und durchschauen können.
Auf dem Tisch steht ein zu zwei Drittel mit Wasser gefülltes Marmeladeglas mit Deckel. Die Kinder werden gebeten, durchzuschauen, und werden feststellen, dass sie die Kinder auf der anderen Seite sehen können.
Nun kommt der Sand dazu. Es ist motivierend für die Kinder, wenn nicht schon alles fertig vorbereitet ist und sie mithelfen können: Ein Kind füllt das Glas zu zwei Drittel mit Wasser, ein weiteres gibt zwei Esslöffel Sand in das Glas, ein drittes schließt den Deckel.
Dann wird das Glas fest geschüttelt und wieder auf dem Tisch abgestellt. Es lässt sich beobachten, dass sich das Wasser trübt und nicht mehr klar gesehen werden kann. Doch schon nach kurzer Zeit setzt sich der Sand und nur noch wenige Schwebstoffe behindern den klaren Blick. Wenn lange genug gewartet wird, setzen sich auch diese mit der Zeit ganz ab.

HINWEIS

Dieses Experiment zeigt uns, dass es möglich ist, immer wieder zur Ruhe zu kommen und dadurch wieder klarer sehen zu können – sowohl im konkreten als auch im übertragenen Sinn. Wenn Kinder nervös, aufgewühlt oder wütend sind, kann es helfen, durch Konzentration auf den eigenen Atem (siehe S. 24) wieder ruhig zu werden.

Manchmal ist es im zwischenmenschlichen Bereich gut, nicht gleich zu reagieren und etwas zu sagen oder zu tun, was man nachher vielleicht bereut. Nach einer kleinen Pause wird man mit klarem Blick und achtsamer Wahrnehmung der Situation besser und konstruktiver eigenverantwortlich handeln können.

Mein rechter Platz ist leer

MATERIALIEN

keine

DURCHFÜHRUNG

Die Kinder sitzen an ihren Tischen, der Lehrer sitzt auf seinem Stuhl in jenem Bereich der Klasse, in dem der Stuhlkreis gebildet werden soll.
Es wird den Kindern vertraut sein, einen Stuhlkreis zu bilden mit dem Spruch: *„Mein rechter Platz ist leer, da wünsch' ich mir den … her!"* Und es ist normal, dass sich Kinder da ihre Freunde oder Sitznachbarn an die Seite wünschen.

Nun kommt aber eine besonders wertvolle Note hinzu, indem die Wahl mit einer positiven Eigenschaft der gewünschten Person begründet wird:

„ … weil er mein bester Freund ist."

„ … weil sie mir heute beim Rechnen erklärt hat, wie es geht."

„ … weil er so hilfsbereit ist."

„ … weil ich am Wochenende bei ihr schlafen darf."

HINWEIS

Die Kinder sollen dazu angehalten werden, sich wirklich gut zu überlegen, wie sie ihre Wahl begründen. Es macht ja keinen Sinn, wenn reihum 20-mal die Begründung kommt: *„Weil er mein Freund ist."* Zur Orientierung kann die Absicht dienen, dass die gewünschte Person sich über das, was gesagt wird, wirklich freuen soll und kann – es soll sozusagen „runtergehen wie Öl".

Schüler der Woche

MATERIALIEN

ein Tischtuch, freier Tisch oder freie Regalfläche o. Ä.

VORBEREITUNG

Im Klassenraum wird auf einem Tisch oder Regal eine freie Ecke eingerichtet, in der sich der „Schüler der Woche" präsentieren darf. Eine Tischdecke soll zum Ausdruck bringen, dass es sich da um einen ganz besonderen Platz handelt.

DURCHFÜHRUNG

Jeweils ein Kind darf sich überlegen, wie es sich als „Schüler der Woche" präsentieren möchte. Außerdem gestaltet es ein Namenskärtchen, damit jeder, der in den Klassenraum kommt, gleich weiß, wer sich da vorstellt.
In dieser Ecke kann Platz für verschiedene Sachen sein, die für dieses Kind typisch bzw. von Bedeutung sind – z. B. ein Poster, ein Buch, ein Spielzeug, Lieblingsklamotten, ein Kuscheltier usw.
Zudem darf das betreffende Kind jeden Tag etwas Besonderes tun – beispielsweise eine Geschichte vorlesen, etwas erzählen, sich ein Spiel für die Turnstunde oder ein Lied wünschen usw.

HINWEIS

Angesichts von zumeist mehreren Personen in der Familie und natürlich der Vielzahl der Kinder in der Klassengemeinschaft steht ein Kind – abgesehen etwa vom Geburtstag – selten wirklich bewusst im Mittelpunkt. Als „Schüler der Woche" können Kinder erleben, dass sie wichtig sind und so sein dürfen, wie sie sind. Und die anderen Kinder können den „Schüler der Woche" genauer kennen und in seiner Besonderheit schätzen lernen.

Mein Lieblingswörter-ABC

MATERIALIEN

ein Heft bzw. ein Blatt Papier und Schreibzeug

VORBEMERKUNG

Unsere Zeit ist geprägt von einem inflationären Umgang mit dem gesprochenen und geschriebenen Wort – sozusagen einer Reizüberflutung durch Worte. Da macht es Sinn, sich immer wieder mal bewusst mit Wörtern auseinanderzusetzen und achtsam wahrzunehmen, wie sie auf einen wirken. Viele Begriffe wecken positive Erinnerungen und lösen eine angenehme Stimmung in uns aus.

DURCHFÜHRUNG

Nach der Überschrift „Mein Lieblingswörter-ABC" schreiben die Kinder die Buchstaben des Alphabets untereinander auf.
Anschließend bekommen sie genügend Zeit, um zu den einzelnen Buchstaben Wörter zu finden, die für sie positiv besetzt sind. Das können Namen von Menschen sein, Orte, Speisen und Getränke, Tätigkeiten, Farben, Buchtitel usw.
Der Fantasie sind da keine Grenzen gesetzt. Wichtig ist lediglich, darauf zu achten, dass nicht vorschnell irgendein Wort eingesetzt wird, das mit dem betreffenden Buchstaben beginnt, aber nicht wirklich ein positiv besetztes Lieblingswort ist.
Kinder haben die Wortwahl, sich ihren Wortschatz zu gestalten.

HINWEIS

Wenn Kinder diese Wörter aufschreiben, wird der Blick in die Runde lauter zufriedene, strahlende Gesichter zeigen. Wenn wir das bewusst ansprechen, können die Kinder erkennen, welche Wirkung Wörter auf sie selber haben.
Die Kinder können sich auch ein „Was-mir-gefällt"-Tagebuch anlegen, das immer wieder ergänzt werden kann.

Eine Handvoll Dankbarkeit

MATERIALIEN

keine

VORBEREITUNG

Die Kinder sitzen an ihren Plätzen oder im Kreis. Aber auch draußen können Sie die Übung durchführen. Voraussetzung ist lediglich, dass sie für die kurze Zeit der Übung stabil und ruhig sitzen bzw. stehen können.

DURCHFÜHRUNG

Die Kinder und auch der Lehrer halten für ein paar Augenblicke inne, um sich in einer wachen und aufmerksamen Haltung der Dankbarkeit für eine Handvoll – also fünf, wie die Anzahl der Finger einer Hand – Sachen bewusst zu werden, für die sie danken wollen.
Dabei soll das Augenmerk primär auf das scheinbar so Selbstverständliche gerichtet werden, das mit den Sinnen unmittelbar wahrgenommen werden kann. Das können Wahrnehmungen der Umwelt sein, die wir sehen (z. B. den blauen Himmel), hören (z. B. das Zwitschern der Vögel) oder riechen (z. B. der Duft frischen Brotes) können. Auch die Wahrnehmung bestimmter Körperempfindungen kann in den Fokus der Aufmerksamkeit gerichtet werden, z. B. das Spüren des Kontakts der Fußsohlen zum Boden, die Wärme und das Material der Kleidung, die den Körper berührt usw. Die bewusste Haltung der Dankbarkeit kann ebenso Ereignisse betreffen, für die wir dankbar sind, z. B. die Tatsache, dass uns jemand geholfen hat, oder eine von Vorfreude geprägte bevorstehende Begegnung mit einem netten Menschen. Innerhalb kürzester Zeit wird das Bewusstsein für Momente der Dankbarkeit zunehmen.

HINWEIS

Diese Übung der Achtsamkeit entfaltet ihre Wirkung am besten und nachhaltigsten, wenn sie regelmäßig wiederholt wird. In einer Welt, in der viel von Mangel die Rede ist und oft der defizitorientierte Blick dominiert, ist das bewusste Einüben der Haltung der Dankbarkeit eine große Quelle für Kraft und Energie und bringt uns automatisch in eine positive Haltung.

Was ich noch sagen wollte … danke!

MATERIALIEN

Zimbeln

VORBEMERKUNG

Am Ende des Schultages, bevor die Kinder gewohnheitsmäßig den Klassenraum verlassen und sich auf den Heimweg machen, kann noch einmal eine kleine Zäsur in der üblichen Betriebsamkeit des schulischen Alltags stattfinden. Dabei wird der Fokus unserer Aufmerksamkeit bewusst auf eine positive Sache oder Erfahrung des aktuellen Schultages gelegt, für welche die Kinder einer bestimmten Person oder auch allgemein danken wollen.

DURCHFÜHRUNG

Wenn alle Kinder ihre Tische aufgeräumt und die Schultaschen eingeräumt haben, können die Kinder entweder nochmals auf ihren Stühlen sitzen oder auch schon stehen, falls am Ende des Schultages aufgestuhlt worden ist.
Auf einen Zimbelklang hin kommen alle zur Ruhe, halten ein paar Augenblicke inne und denken nach, wofür sie danke sagen wollen.
Der Lehrer bestimmt das erste Kind, das sich zu Wort meldet. Anschließend bestimmt dieses Kind das nächste usw., bis sich alle bei der Tür angestellt haben und vom Lehrer persönlich per Hand verabschiedet werden können.

HINWEIS

Wenn die Kinder am Ende des Schultages ihre Aufmerksamkeit noch einmal bewusst auf eine positive Sache oder Erfahrung richten, wird sie das in eine positive Stimmung bringen – auch und gerade, wenn an diesem Tag für sie nicht alles nur glatt gelaufen ist. Es wird den Kindern selber und auch anderen um sie herum guttun, den Schultag in dieser durch die Haltung der Dankbarkeit geprägten positiven Stimmung zu beenden.

MANDALA-ARBEIT

Mandala-Arbeit

Mandalas sind Meditations- und Kultbilder, die in allen Kulturen und Religionen der Welt zu finden sind – wenngleich in unterschiedlicher Ausprägung. Das Wort Mandala kommt aus dem Altindischen, aus dem Sanskrit, und bedeutet Kreis. In einem weiteren Sinne gesehen kann man Mandalas auch schlicht und einfach als Kreisbilder bezeichnen.

Mandalas sind klar strukturiert durch Grundsymbole, wie Kreis, Kreuz, Quadrat oder Spirale. Alle Formen und bildhaften Elemente sind symmetrisch und konzentrisch um eine betonte Mitte herum angeordnet. Diese ist Ursprung und Ziel des Mandalas. Der Blick kann vom Rand zur Mitte führen und einen dort verweilen lassen, der betrachtende Blick kann aber auch von der Mitte ausgehen und den sich entfaltenden Formen bis an den Rand folgen. In jedem Fall haben die Strukturen, Formen und Farben eine sammelnde Wirkung auf den Betrachter. Der verweilende Blick lässt ihn innehalten und zur Ruhe kommen.
Doch es gibt nicht nur diese von Menschen geschaffenen Mandalas. Mit wachem, aufmerksamem Blick begegnen wir auch in der Natur den vielfältigen Erscheinungsformen von Mandalas. Das Mandala findet sich in jeder Blüte, ob es sich nun um ein unscheinbares Gänseblümchen oder eine majestätische Sonnenblume handelt. Das Mandala begegnet uns ebenso in Muschelschalen und Schneckenhäusern, in Astscheiben oder in Schneekristallen. Immer wieder entdecken wir das harmonische Zusammenspiel von Formen und Farben, die sich im Bereich zwischen Mitte und Rand entfalten.

Die Begegnung und Arbeit mit Mandalas erhält in der heutigen Zeit für viele Menschen eine zunehmende Bedeutung. Diese Kreisbilder zeichnen sich durch eine klar strukturierte Ordnung aus, die auch im Gestalten von Mandalas spürbar wird. Das Ausmalen von Mandala-Vorlagen etwa ist konzentrationsfördernd und führt zu Ruhe und Stille.

Wer sich mit Mandalas befasst, lässt sich ein auf die ordnende Struktur und Wirkung, welche diesen Kreisbildern innewohnt. Im konkreten Umgang mit Mandalas kann man zu Ruhe und Stille finden und so die wohltuende Wirkung erfahren, die von diesen universellen Kreisbildern ausgeht. Jegliches Gestalten ist gesammeltes, kreatives Tun und verbindet einen dadurch letztlich auch mit der Schöpferkraft.

Grundsätzliche Überlegungen zum Einsatz von Mandala-Vorlagen in der Schule

ES KANN AUCH ZU VIEL DES GUTEN SEIN

Ich schätze das Ausmalen von Mandala-Vorlagen sehr und es fasziniert mich, zu beobachten, wie entspannend diese Tätigkeit für Kinder ist. Doch Mandalas sollten bewusst und mit Bedacht eingesetzt werden. Als Pausenfüller für zwischendurch sind sie zu schade. Das Ausmalen sollte zudem in einen entsprechenden Rahmen eingebettet werden.

ES GIBT KEIN FALSCH ODER RICHTIG

Eine wichtige Anregung zum Umgang mit Mandalas-Vorlagen stammt vom Mandala-Pionier Bruno Dörig. Er betont, dass es im Zusammenhang mit dem Ausmalen von Mandalas kein Richtig oder Falsch gibt. Es geht beim Mandala-Malen mehr um Muße als um Leistung. Wenn Kinder auf einem Tisch Mandala-Vorlagen und Farbstifte finden, beginnen sie gleich intuitiv mit dem Ausmalen und brauchen keine weitere Erklärung dazu. Erwachsene fragen eher noch, ob man nun in der Mitte oder am Rand beginnen müsse. Hier geht es um eine Tätigkeit, bei der man keine Fehler machen kann. Indem man sich auf das Zusammenspiel von Form und Farbe einlässt, wird innere Energie frei und die seelischen Kräfte werden gestärkt (mehr hierzu in Dörig/Schmeisser 1998, siehe Medientipps S. 104).

UND WAS MACHT DER LEHRER?

In der Betriebsamkeit und den Herausforderungen des schulischen Alltags tut es auch dem Lehrer gut, zwischendurch immer wieder mal zur Ruhe zu kommen. Er wird die Zeit des Ausmalens von Mandala-Vorlagen als willkommenes Angebot im Schulalltag nützen, um selber Ruhe und Stille zu erfahren, ganz bei sich und bei der Sache sein zu können und die wohltuende Wirkung zu erfahren, die von diesen Kreisbildern ausgeht.

Die Zeit, während der die Kinder mit dem stillen Ausmalen von Mandala-Vorlagen beschäftigt sind, soll vom Lehrer nicht für Vorbereitungs- oder Korrekturaufgaben genutzt werden. Wenn er die Kinder zu Ruhe und Stille anleiten will, soll er diese auch selber vorleben. Die einzige Bewegung, die am Lehrertisch zu beobachten ist, soll lediglich jene der Buntstifte auf dem Papier sein.

Weiterführende Möglichkeiten

Der heutzutage vielerorts recht inflationäre Umgang mit diesen Vorlagen, die oftmals die Bezeichnung Mandala in ihrer tieferen Bedeutung gar nicht verdienen, lässt angeraten sein, auch immer wieder andere Möglichkeiten des kreativen Gestaltens von und mit Mandalas einzusetzen.
Wer von diesen Kreisbildern fasziniert ist, dem werden im Sinne einer eigendynamischen Entwicklung immer wieder neue Ideen kommen, in welch förderlicher Art und Weise er Mandalas begegnen und mit ihnen arbeiten kann. Der Fantasie sind jedenfalls keine Grenzen gesetzt, wenn es um das kreative Gestalten von und mit Mandalas geht.

Im Folgenden finden Sie ein paar recht leicht umzusetzende Möglichkeiten, wie vor allem im Werk- oder Zeichenunterricht Mandalas gestaltet werden können:

- Ein Mandala kann mit Stoffmalfarben auf Deckchen oder Kissenbezüge gemalt werden.
- In Scherenschnitt-Technik können Schablonen für Stofffarben hergestellt werden. Mittels Stupfpinsel lassen sich Stofftaschen oder T-Shirts gestalten.
- Ein Text lässt sich kreis- oder spiralförmig aufschreiben.
- Ein Memory® oder Buttons lassen sich mit kleinen Mandala-Motiven gestalten, was sich auch als schöne Geschenkidee eignet.
- Aus Ton oder anderen Materialien zum plastischen Gestalten lassen sich in verschiedensten Techniken Mandalas herstellen, welche auch noch gebrannt und glasiert werden können.
- Mit Radiergummis lassen sich mit Linol-Schneidefedern und Cuttern Mandala-Stempel herstellen.
- Ein Namen-Mandala lässt sich gestalten, indem der Vorname in Schreibschrift in Kreisform aufgeschrieben wird, sodass die Buchstaben ineinander verlaufen und die entstandenen Flächen ausgemalt werden können.

Ein Mandala mit Naturmaterialien legen

MATERIALIEN

Schneckenhäuser, Tannenzapfen, Eicheln, Kastanien, Blätter, Steine, Astscheiben, Muscheln, ein rundes Tuch und ein Windlicht

VORBEREITUNG

Lassen Sie die Kinder in der Pause Naturmaterialien sammeln oder von zu Hause mitbringen.

DURCHFÜHRUNG

Die Kinder versammeln sich im Kreis um ein rundes Tuch. Die Mitte wird durch einen besonderen Gegenstand oder ein Windlicht gekennzeichnet. In konzentrischen Kreisen, in Strahlen- oder Spiralform legen sie nun mit den vorhandenen Materialien ein Mandala. Das Mandala kann als Mittelpunkt des Sitzkreises für einige Zeit liegen bleiben und wird dann gemeinsam oder von ein paar extra dafür bestimmten Kindern wieder behutsam abgeräumt. Es lohnt sich, unterschiedliche Varianten des gemeinsamen Gestaltens auszuprobieren. Einmal kann dabei gesprochen und das Mandala so gemeinsam entwickelt werden, ein anderes Mal kann das Mandala im Schweigen entstehen.

ALTERNATIVE

Aus Obst und Gemüse kann ein kulinarisches Mandala gestaltet werden. Die vom Lehrer oder den Kindern mitgebrachten Zutaten werden gewaschen und entsprechend in Spalten, Scheiben, Stückchen oder Stifte geschnitten. Alsdann werden sie auf einem großen Teller in konzentrischen Kreisen aufgelegt.

67

MANDALA-ARBEIT

Ein Gemeinschaftsmandala entstehen lassen

MATERIALIEN

eine große bzw. am Kopierer vergrößerte Mandala-Vorlage, die in eine der Anzahl der Schüler entsprechende Menge von „Tortenstücken" aufgeteilt wird; Holzfarben und/oder Filzstifte, eine CD mit meditativer Musik, eine Duftlampe mit einem feinen Duft und Windlichter für die Schülertische

TIPP

Für jegliches Gestalten von Mandalas gilt, dass ein entsprechender äußerer Rahmen förderlich ist. Wir achten also auf einen aufgeräumten Raum und vor allem aufgeräumte und saubere Schülertische. Lediglich die Farben liegen auf diesen und sind allenfalls vorher gespitzt worden.

DURCHFÜHRUNG

Der Arbeitsablauf wird mit den Schülern gemeinsam besprochen. Die Farbwahl kann freigestellt sein, die Klasse kann sich aber auch auf bestimmte Grundfarben einigen, die verwendet werden sollen. Das Endergebnis wird ein großes Mandala sein, zu dem jeder seinen Beitrag geleistet hat und in dem jeder vorkommt.
Am Schluss werden die einzelnen Teile aneinandergelegt und aufgeklebt.

HINWEIS

Dieses Klassenmandala soll das ganze Jahr über gut sichtbar in der Klasse aufgehängt sein. So sagt es auch in tieferer Art und Weise etwas über die Einheit der Klasse und die Gemeinschaft untereinander aus – jeder hat seinen Platz, jeder ist für das Gesamtbild wichtig.
Ergänzend dazu können auch noch Regeln für die Klassengemeinschaft, für das gemeinsame Miteinander formuliert, aufgeschrieben und dazugehängt werden.

68

MANDALA-ARBEIT

Ein Fenstermandala

MATERIALIEN

schwarzer Fotokarton, Transparentpapier in verschiedenen Farben, Schneideunterlagen, Cutter, Scheren, Klebestifte, Mandala-Schablonen und Folienstifte

DURCHFÜHRUNG

Die Umrisse der Mandala-Schablone werden mit weißen bzw. hellen Holzfarben auf dem Fotokarton nachgefahren. Partnerarbeit erleichtert die Sache, wenn ein Kind die Schablone hält und das andere die Form nachfährt.

Die freien Flächen werden mit einem Cutter sauber ausgeschnitten. Dann wird ein passendes Stück Transparentpapier über die entsprechende Stelle gelegt. Mit einem Folienstift werden die Umrisse so großzügig nachgezogen, dass am Rand genügend Platz zum Aufkleben bleibt. Dabei ist darauf zu achten, dass die zugeschnittenen Stücke auf jene Seite des Fotokartons geklebt werden, auf der die Stiftspuren vom Nachfahren mit der Holzfarbe zu sehen sind.

HINWEIS

Gerade für den Advent, wenn in vielen Schulhäusern die Gänge und Klassenzimmer dekoriert und die meist recht großen Fensterflächen entsprechend gestaltet werden, bieten sich solche Fenstermandalas an. Vor allem in der Dunkelheit bzw. Dämmerung des Morgens kommen diese transparenten Kreisbilder von außen sehr gut zur Geltung und werden nicht nur die Kinder, sondern auch viele Passanten erfreuen und staunend kurz innehalten lassen.

Eine Mandala-Vorlage ausmalen

MATERIALIEN

Holzfarben und/oder Filzstifte, eine CD mit meditativer Musik, kopierte Mandala-Vorlagen (siehe Downloadhinweis S. 104), ggf. Duftlampe und Windlichter

VORBEREITUNG

Das Ausmalen von Mandala-Vorlagen soll in einem entsprechenden Rahmen stattfinden. Daher sollte auf einen aufgeräumten Raum und vor allem aufgeräumte und saubere Schülertische geachtet werden. Lediglich die Farben liegen auf diesen und sind allenfalls vorher gespitzt worden.

DURCHFÜHRUNG

Wir vereinbaren, dass die Zeit des Ausmalens eine besondere Zeit ist, während der nichts gesprochen wird. Die Stille ist ein wertvoller Schatz, den es zu wahren gilt. Auch das Windlicht auf dem Tisch unterstreicht den besonderen Charakter dieser Zeit. Die Lehrperson kann die Mandala-Vorlagen austeilen, es können aber auch mehrere Vorlagen auf einem separaten Tisch zur Auswahl aufgelegt werden, aus denen die Schüler dann aussuchen können.

HINWEIS

Für die Verwendung von Musik empfehle ich den Mittelweg, dass beides seinen Platz hat: Einmal gibt es die Zeit des Ausmalens in Stille, ein anderes Mal kann eine meditative Musik der ruhigen Atmosphäre dienlich sein. Die Kinder sollen beides kennenlernen und dabei auch wahrnehmen, wie es auf sie wirkt und was sie bevorzugen.

ALTERNATIVE

Wenn einem Kind die aufliegende Mandala-Vorlage nicht gefällt oder es lieber selber etwas gestalten möchte, kann es auch ein eigenes Mandala zeichnen. Das Kind bekommt dazu ein Blatt, auf dem schon ein Kreis und ein Kreismittelpunkt abgebildet sind. Es kann nun seiner Fantasie freien Lauf lassen und ganz nach eigenen Vorstellungen ein Mandala zwischen Rand und Mitte im Zusammenspiel von Formen und Farben entstehen lassen.

OHNE VIELE WORTE

Ohne viele Worte

Die Bezeichnung dieses Kapitels ist zugleich der Titel des inzwischen vergriffenen Buches von Michael Grinder über die Gestaltung von Lernprozessen mit nonverbalen Signalen. Diesem Buch habe ich seinerzeit die Anregung entnommen, dass Lehrer vermehrt nonverbale Signale einsetzen sollen, um den Ordnungsrahmen in der Klasse zu gestalten. Die Stimme, das wichtigste Werkzeug des Lehrers, kann dann für den Verlauf des Unterrichts und die Stoffvermittlung reserviert werden.

Seither verwende ich sogenannte Unterrichtskarten, die ich auf meine Bedürfnisse abgestimmt habe. Viele Anweisungen, die ich früher verbal gegeben habe, werden mir nun von den Karten abgenommen. Als nonverbales Signal werden sie entweder von mir hochgehalten oder mit einem Magneten an der Tafel befestigt. Den Aufforderungscharakter der Unterrichtskarten mit den entsprechenden Anweisungen kann ich erhöhen, indem ich mit einer Hand auf die Karte zeige und mein Blick zudem nicht in die Klasse, sondern direkt auf die Karte gerichtet ist. Wenn die Kinder zu mir schauen, folgen sie automatisch der Blickrichtung meiner Augen und werden zur Karte geleitet und sehen, was zu tun ist.

Durch die Unterrichtskarten entlaste ich mich, indem ich Anweisungen zum Herrichten bestimmter Materialien oder zum Bilden einer bestimmten Sozialform nicht mehr aussprechen – und zumeist noch mehrfach wiederholen – muss, sondern ein einzelner nonverbaler Impuls ausreichend ist. Der Einsatz dieser Karten im Unterrichtsverlauf kann durch ein vereinbartes akustisches Signal unterstützt werden. In meinem Fall ist das eine kleine Glocke. Die Kinder hören den Klang, halten inne, schauen zu mir und entdecken die Unterrichtskarte. Es bedarf dann keiner weiteren Erklärung mehr.

Schon der Volksmund kennt die Aussage, dass ein Bild mehr sagt als tausend Worte. Die Verwendung von Unterrichtskarten ist zudem ein wertvolles Element zur Förderung von Aufmerksamkeit, Konzentration, Ruhe und Stille im Klassenzimmer.

Lautstärke im Klassenraum

ACHTE AUF DIE STILLE!

Gerade wenn in einem Klassenraum Stille hergestellt werden soll, ist es oft kontraproduktiv, den herrschenden Lärmpegel noch mit der eigenen verbalen Aufforderung nach Stille zu übertönen. Der Einsatz der entsprechenden Unterrichtskarte ist schon ein erster Schritt zum Herstellen dieser Stille.
Wenn sich die besondere Aufforderung oder Erinnerung nur an ein einzelnes oder wenige Kinder richtet, verwende ich die kleine Variante im Format DIN-A6, die ich als „Drandenkhilfe" auf den entsprechenden Tisch lege.

ACHTE AUF DEN FLÜSTERTON

Es gibt Unterrichtssituationen, beispielsweise bei Partner- oder Gruppenarbeit, bei denen die Kinder natürlich miteinander reden müssen. Damit das vom Lärmpegel her nicht zu laut wird, vereinbaren wir dafür das „Sprechen im Flüsterton".

Ordnung und Matierialien

ACHTE AUF DIE TISCHORDNUNG

Diese Karte kann natürlich situativ eingesetzt werden. Oft hänge ich sie schon am Morgen auf die Tafel. Wenn die Kinder in die Klasse kommen und begrüßt worden sind, sehen sie gleich, was zu tun ist.
Wenn ein Kind einen stark verschmutzten Tisch hat, dann verwende ich eine kleine Variante dieser Karte im Format DIN A6 und lege sie wortlos auf den Tisch. Das kann vor Unterrichtsbeginn, aber auch während des Schultages geschehen.

SCHERE UND/ODER KLEBER

Waren früher oftmals mehrere Aufforderungen und Erinnerungen nötig, bis alle Kinder wussten, was bereitzulegen ist, genügt nun die Karte auf der Tafel bzw. das nonverbale Hinweisen mit der Hand auf diese Karte. So wissen die Kinder gleich zu Beginn der Stunde, welche Materialien benötigt werden, und langes Herumsuchen während des Unterrichts gehört der Vergangenheit an.

Sozialform und Bewegung im Klassenraum

KREIS ODER STUHLKREIS

Die Ankündigung des Wechsels der Sozialform wird während des Unterrichts bzw. gleich zu Unterrichtsbeginn durch die Karte signalisiert.

ZWEIERREIHE

Diese Karte verwende ich zum Anstellen in der Klasse oder nach dem Turnunterricht vor den Umkleidekabinen. Sollte es auf dem Weg durch das Schulhaus zu laut werden, bleibe ich stehen und halte wortlos die beiden Karten „Zweierreihe" und „Achte auf die Stille!" hoch.

BEWEGUNG

Der Einsatz dieser Karte ist auf S. 53 unten beschrieben.

WC-KARTE

Die WC-Karte ist eine besondere Unterrichtskarte, die inzwischen schon in den Klassen vieler Kollegen Verwendung findet. Jeweils eine Karte im Format DIN A6 liegt am oberen Rand in der Mitte der Schülertische bereit.
Für die Entwicklung dieser Karte ist folgende Situation ausschlaggebend gewesen, die ein paar Mal aufgetreten ist: Wir waren intensiv mit dem Unterrichtsgeschehen

beschäftigt, hatten ein angeregtes, intensives Gespräch mit engagierten Beiträgen der Kinder und eines zeigte ganz energisch auf. In der Annahme, dass es eine wichtige Wortmeldung zum Inhalt der Stunde habe, nahm ich es an die Reihe – um dann die nicht wirklich passende und im aktuellen Zusammenhang sehr oft störende Frage zu hören: *„Kann ich aufs WC gehen?"*
Seither ist die WC-Karte das nonverbale Signal, das mir die Kinder geben, indem sie die Karte hochhalten. Ich kann dann ebenso nonverbal reagieren und nicken bzw. eine entsprechende Handbewegung machen. Bei Bedarf kann ich auch verbal reagieren und darauf hinweisen, dass in wenigen Minuten Pause sein wird bzw. fragen, ob es kurz warten kann, damit ich der Klasse noch etwas fertig erklären kann.

Mitunter finden es Kinder bei der Einführung dieser Karte spannend, besonders „fleißig" aufs WC zu gehen; das erledigt sich aus Erfahrung aber binnen kürzester Zeit und wir kehren wieder zur Normalität zurück.

Ich sorge für MICH

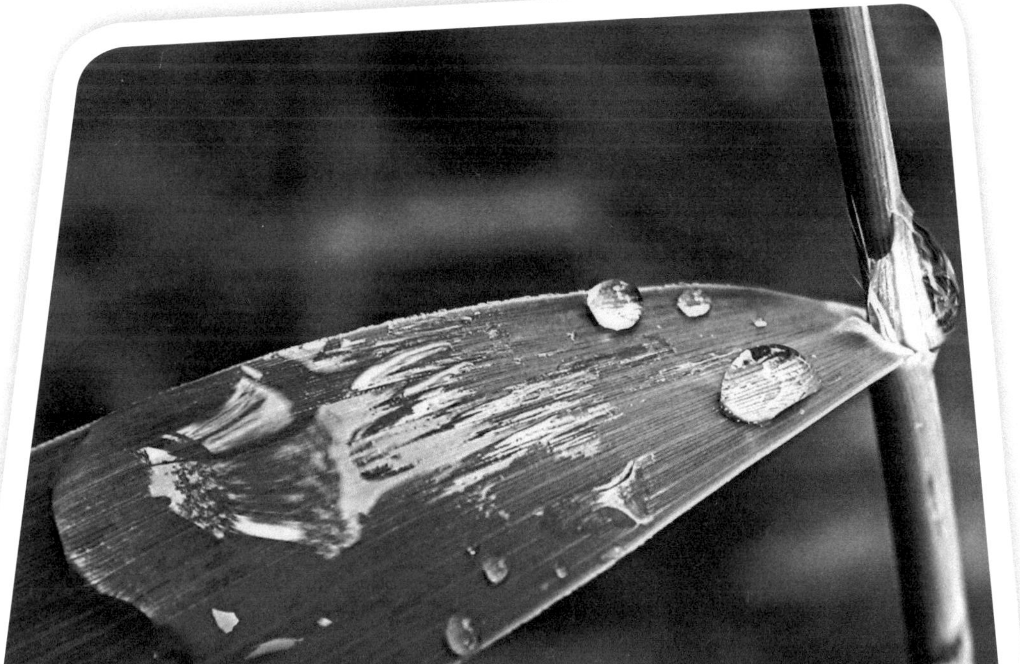

Ich sorge für mich

Wenn wir von der Kultivierung der Achtsamkeit in Kontext von Schule und Unterricht sprechen, dann geht es nicht nur um die Kinder. Die Person und Rolle des Lehrers darf da nicht ausgeklammert werden. Der Lehrer hat sich nicht nur um die Kinder, sondern vor allem auch um sich selber zu kümmern! Für mich ist das ein oberstes Gebot der Stunde, das absolute Priorität haben muss.

Letztlich ist die Reihenfolge so, dass die Achtsamkeit des Lehrers vor der Achtsamkeit der Kinder kommt. Bevor sich der Lehrer um die Kinder bemüht, geht es darum, dass er auf sich selber achtet. Das betont auch der vietnamesische Mönch und Zen-Meister Thich Nhat Hanh, wenn er davon spricht, dass wir unsere Kinder nicht wirklich gut erziehen können, wenn wir selber keinen inneren Frieden haben und uns in unserer Haut nicht wohlfühlen. Damit wir wirklich gut für unsere Kinder sorgen können, müssen wir also zuerst gut für uns selbst sorgen. (mehr hierzu in Nhat Hanh 1999 b, siehe Medientipps S. 104)

Wie will denn ein Lehrer die Bedürfnisse der Kinder wahrnehmen, wenn er seine eigenen nicht kennt und wahrnimmt? Wie will ein Lehrer die Kinder zu Ruhe und Stille anleiten, wenn er diese Qualitäten in seinem eigenen Lebensvollzug gar nicht kennt? Und wie will ein Lehrer Kindern den behutsamen Umgang mit den Dingen vermitteln, wenn er selber im Alltag achtlos mit den Gegenständen umgeht? Es wird nicht funktionieren.

Sicher ist Ihnen die Erfahrung bekannt, dass es im Unterricht – völlig ungeachtet des Fachs und Inhaltes – rund läuft, wenn Sie selber gut drauf sind, in einer guten Verfassung, sich rundum wohlfühlen, ausgeruht, zufrieden und in sich zentriert sind. Wahrscheinlich kennen Sie aber auch die Erfahrung, dass es sich nicht förderlich auf den Unterricht auswirkt, wenn Sie selber unruhig oder körperlich angeschlagen sind, einen Konflikt in sich tragen oder von quälenden Sorgen in Beschlag genommen werden. Auch wenn sich Lehrer bemühen, sich diese Beeinträchtigungen nicht anmerken zu lassen, so können sie nicht einfach ausgeklammert werden und schwingen immer mit.
Da es sich bei der Lehrerpersönlichkeit um ein zentrales Element des unterrichtlichen Geschehens handelt, ist es von ganz enormer Wichtigkeit, auf diese zu achten und sie zu pflegen.

74

ICH SORGE FÜR MICH

Was brauche ich, damit es mir gut geht?

Der Lehrer hat sich folglich nicht nur zu fragen, was die Kinder brauchen, sondern vor allem, was er selbst zu einem guten Leben braucht. Dabei muss niemand befürchten, dass die Kinder zu kurz kommen könnten. Im Endeffekt ist es ja so, dass es letztlich auch den Kindern zugutekommt, wenn sie von einem Lehrer begleitet werden, der Ruhe und Zufriedenheit in sich trägt und diese ausstrahlt.
Es gibt da zwei einfache, wirkungsvolle Fragen zur Orientierung: *„Bin ich es mir wert, mir Gutes zu tun?"* und in einem zweiten Schritt: *„Wann fange ich an damit?"*
Die Antwort, was es braucht, damit es einem gut geht, kann nur jeder für sich beantworten. Die Frage muss aber früh genug gestellt werden, bevor jemand vor lauter Engagement für den Beruf ausgebrannt ist. So wie der Akku eines täglich verwendeten Handys regelmäßig aufgeladen wird, meist noch bevor er ganz leer ist, hat sich jeder Lehrer um seine Energiequellen zu kümmern. Auch der eigene Akku muss immer wieder aufgeladen werden, damit der Lehrer leistungsfähig bleibt und mit Freude an seine Arbeit gehen kann.

75

ICH SORGE FÜR MICH

Souveränes Zeit- & Aufgabenmanagement

So schön, erfüllend und auch abwechslungsreich die berufliche Tätigkeit des Lehrers ist, so anspruchsvoll ist sie in Bezug auf die Zeiteinteilung. Nebst den Arbeitsstunden im Unterricht und in der Schule gibt es auch zu Hause für den Lehrer vieles zu tun – von der Vor- und Nachbereitung des Unterrichts über Korrekturarbeiten bis zur Beschaffung und Erstellung von Lehr- und Lernmaterialien. Der engagierte Lehrer weiß, dass es immer noch Arbeiten und Erledigungen gibt, die für die Schule getan werden könnten oder sollten. Abhilfe schafft hier nur eine klare Reglementierung und Begrenzung der häuslichen Arbeitszeit. Dafür braucht es ein hohes Maß an Selbstdisziplin und Selbstorganisation im Umgang mit dieser frei bestimmbaren Zeit, denn wenn die Trennung von Freizeit, Hausarbeit und außerschulischer Arbeitszeit nicht gelingt, wird sich der Pflichtenkatalog immer weiter auftürmen, die Arbeit scheint kein Ende zu nehmen und es wird zu Unwohlsein, Stress und Überforderung kommen.
(mehr hierzu in Klippert 2006, siehe Medientipps S. 104)

Die Kunst der Pause

Zur sensiblen Zeiteinteilung gehört auch das bewusste Einplanen von Entspannungspausen während des Arbeitstages. Es ist nicht gut, dauernd nur unter Anspannung und dem Druck der zu erledigenden Aufgaben zu stehen. Das rechte Maß ist hier gefragt. Zelebrieren Sie in Ihrem Alltag immer wieder Zeiten der Pause. Setzen Sie sich beispielsweise gemütlich aufs Sofa und hören Sie ein Stück Ihrer Lieblings-CD, machen Sie zwischendurch einen kleinen Spaziergang an der frischen Luft, lesen Sie ein paar Seiten in einem Buch oder gönnen Sie sich eine genüssliche Kaffee- oder Teepause – und machen Sie sich dann wieder erholt und mit frischem Schwung an die Arbeit. Kommen Sie vom Müssen zur Muße, indem Sie sich bewusst Zeit für regelmäßige kleine Pausen nehmen.

Diese Empfehlung, auf sich selber zu achten, ist übrigens gar nicht neu. Schon vor über 1 000 Jahren hat der Hl. Bernhard von Clairvaux seinem Schüler und damaligen Papst Eugen III. ans Herz gelegt, nicht nur den anderen Aufmerksamkeit zu schenken, sondern sich auch immer wieder sich selbst zu gönnen. Das ist eine Formulierung, die ich mir gerne zu eigen mache.

ICH SORGE FÜR MICH

Lehrer brauchen schulfreie Zeit

Gerade weil Lehrer eigentlich nie fertig sind mit ihrer Arbeit und es immer noch etwas zu tun gäbe, ist es unumgänglich, dass es für den Lehrer auch eine schulfreie Zeit gibt. Damit sind jetzt nicht die Ferien gemeint, sondern die Forderung, dass es auch ein Leben außerhalb der Schule und der schulischen Arbeiten geben muss. Es braucht Zeiten, da die Arbeit des Tages abgeschlossen wird und Lehrer sich mit Dingen beschäftigen, die gar nichts mit der Schule zu tun haben. Werden solche Zeiten nicht eingehalten, so ist das auf Dauer fahrlässig – nicht nur sich selbst, sondern auch den Kindern gegenüber. Wer es versteht, sein eigenes Leben gut zu gestalten, wird auch das Leben und Lernen in der Schule gut gestalten können.

AUSBLICK

Trotz all der vielfältigen Anforderungen im Lehrerberuf kann und darf es nicht sein, dass man auf Dauer so gefordert ist, dass man keine Zeit mehr für Partnerschaft und Familie aufbringt und am Ende jedes Arbeitstages todmüde ins Bett fällt. Es geht auch anders, indem man früh genug auf sich achtet und für sich Sorge trägt. Die Lebenskunst mit dem Wahrnehmen und Erkennen der eigenen Bedürfnisse und dem gesunden Wechsel von Beanspruchung und Entspannung lässt sich lernen und einüben – die Praxis der Achtsamkeit ist ein funktionierender Weg dazu.

Medientipps

Brunsting, Monika; Nakamura, Yuka; Simma, Christoph (Hrsg.):
Wach und präsent – Achtsamkeit in Schule und Therapie.
1. Auflage 2013, Bern, Haupt.
ISBN 978-3-258-07821-2

Dörig, Bruno; Schmeisser, Martin (Hrsg.):
Kraftquelle Mandala.
Die eigene Mitte finden.
1. Auflage 1998, Freiburg, Herder.
ISBN 3-451-05010-2

Fraisl, Ilse:
Luca. Jin Shin Jyutsu für und mit Kindern.
Mit Audio-CD.
1. Auflage 2011, Satteins, Eigenverlag Fraisl.
ISBN 978-3-200-02073-3

Heaversedge, Jonty; Halliwell, Ed; übersetzt von Eder, Cornelia:
Das Achtsamkeits-Manifest.
Wie man in einer überdrehten Welt Gelassenheit findet.
1. Auflage 2012, Freiburg, Arbor.
ISBN 978-3-86781-062-3

Kabat-Zinn, Jon; übersetzt von Seifarth, Renate:
Stressbewältigung durch die Praxis der Achtsamkeit. Mit Audio-CD.
1. Auflage 1999, Freiamt, Arbor.
ISBN 3-924195-57-9

Klippert, Heinz:
Lehrerentlastung.
Strategien zur wirksamen Arbeitserleichterung in Schule und Unterricht.
2. Auflage 2006, Weinheim und Basel, Beltz.
ISBN 978-3-407-25435-1

Maschwitz, Gerda; Maschwitz, Rüdiger:
Gemeinsam Stille entdecken.
Wege zur Achtsamkeit – Rituale und Übungen.
1. Auflage 2003, München, Kösel.
ISBN 3-466-36634-8

Nhat Hanh, Thich; übersetzt von Wetzel, Sylvia:
Das Wunder der Achtsamkeit.
Einführung in die Meditation.
9. Auflage 1999 a, Zürich, Theseus.
ISBN 3-89620-087-9

Nhat Hanh, Thich; herausgegeben und übersetzt von Nowak, Iris und Scharpf, Ulrich:
Heute achtsam leben.
366 inspirierende Gedanken.
1. Auflage 1999 b, Freiburg, Herder.
ISBN 3-451-27163-X

Nhat Hanh, Thich und die Gemeinschaft von Plum Village; herausgegeben von Chau Nghiem, Chan; übersetzt von Richard, Ursula:
Achtsamkeit mit Kindern. Mit Audio-CD.
1. Auflage 2012, München, Nymphenburger.
ISBN 978-3-3485-01388-8

DOWNLOAD

Unsere beliebten **Signalkarten für den Unterricht** finden Sie auf www.klasseorganisiert.de

Materialien zum Download finden Sie unter www.verlagruhr.de/62472